SENTI NA PELE

RELATOS

SENTI NA PELE

RELATOS

Organização de Ernesto Xavier

malê

ISBN 978-85-92736-14-9

Projeto gráfico e edição: Vagner Amaro
Capa: Luana Xavier
Fotógrafo: Matheus Frigols
Organização: Ernesto Xavier
Revisão: Francisco Jorge
Diagramação: Márcia de Jesus

Texto revisado segundo o novo Acordo Ortográfico da Língua Portuguesa.

Dados internacionais de catalogação na publicação (CIP)
Vagner Amaro CRB-7/5224

X3s Xavier, Ernesto
Senti na pele / Ernesto Xavier. – Rio de Janeiro: Malê, 2017.
154 p; 19 cm.
ISBN 978-85-92736-14-9
1. Racismo- Brasil 2. Discriminação racial – Brasil 3. Negros
I. Título
CDD – 305.8

Índice para catálogo sistemático:

1. Racismo – Brasil 305.8
2017

www.editoramale.com.br
contato@editoramale.com.br

Sumário

#SENTI
NA
PELE

ONDE TUDO COMEÇOU

"Sou negro. Neste momento estou trajando bermuda de praia e camiseta. Estou em Copacabana. Vou correr na areia da praia. Não levarei dinheiro, nem documentos.

Segundo a lógica carioca posso ser preso, levarei um tiro ao correr ou vou apanhar de um justiceiro.

Para você que acha que me faço de vítima: essa é a minha realidade.

Enquanto você tem medo de ir à praia e perder seu Iphone, eu tenho receio de morrer.

Não é justo pra ninguém, correto?

Só que durante TODA a vida fui "confundido" com bandido apenas por ser negro. Meu mundo é assim. A toda hora ter que provar que sou honesto.

Caso eu morra não terão protestos nas redes sociais, nas ruas, na mídia. Serei mais um preto. Lamentarão a família e os amigos.

E você? Tem medo de que?"

A primavera se aproximava e as temperaturas elevadas já enchiam as praias cariocas. Ônibus lotados vinham da zona norte da cidade em direção às praias da zona sul. Corpos negros que ansiavam por um refresco. Só que isso "manchava" a imagem da cidade. O Rio do cartão postal não admite a presença do preto-pobre-favelado. Não, não aceitam.

Os jornais noticiavam os arrastões na areia. População em pânico e a polícia preparada para agir na eliminação do que achavam ser o mal daquele lugar. Com o aval e aplauso da classe média, faziam o que queriam sem serem contestados. Paravam ônibus que iam para as praias e retiravam quem não tinha documento. Quase ninguém tinha. Ficavam detidos até o final do dia. Sem mandado, sem qualquer justificativa. Eram jovens negros. Quem se importava? Morriam aos montes. Mais de 23 mil homicídios de jovens negros todos os anos, cerca de 63 negros por dia, um a cada 23 minutos. São 77% dos homicídios de jovens no país. Números de um país que não está oficialmente em guerra, mas que mata muito mais do que os que estão.

Foi esta realidade que me fez escrever o texto que abre este livro. Falando nos termos da internet: viralizei.

Em algumas horas o que tinha escrito já tinha chegado a todos os estados do Brasil e diversos países na África e Europa. Fui elogiado e atacado.

Eu não conhecia a face escancarada do racismo nas redes sociais. Recebi ameaças, perseguições virtuais, ataques de haters, gente escondida atrás de perfis fakes e gente sem pudor de destilar ódio e preconceito. De alguma forma eu tinha atingido o que há de pior na internet.

Por outro lado, muitas pessoas se sentiram representadas e

começaram a falar comigo, contar suas histórias, acompanhar o que eu escrevia. Senti que havia uma necessidade latente de falar sobre o que é ser negrx no Brasil. Era hora de colocar pra fora as histórias de racismo que ficaram guardadas desde sempre. Assim nasceu a ideia de criar o "Senti Na Pele". Uma página do Facebook que nasceu a partir de ataques racistas dentro do próprio Facebook. A mesma ferramenta que ajuda a bater, também pode estender a mão para levantar e criar mecanismos de combate.

Dois amigos, Matheus e Leonardo, se ofereceram para fazer os primeiros ensaios fotográficos, outra amiga, Suzane, fez o logotipo e a concepção visual da página, minha irmã, Luana, produziu tudo. Reuni um grupo disposto a fazer aquela ideia acontecer. Assim montamos os primeiros depoimentos com pessoas próximas que estavam dispostas a abrir esta caixa que ficou fechada por toda a história brasileira, escondida no mito da democracia racial.

A página foi crescendo, mais gente acessando, os depoimentos sendo compartilhados, comentados e mais histórias foram chegando voluntariamente. Negros de todas as classes sociais, realidades, regiões e com experiências diversas com o racismo. Histórias, histórias, histórias. Vidas que ficaram marcadas pelo preconceito e que, naquele momento, se sentiam preparadas para contar.

O "Senti Na Pele" é muito mais do que um local de denúncia. É o microfone aberto para espalhar nossa voz. É a oportunidade de termos o protagonismo de nossos próprios relatos. É saber que existirão milhares de outras pessoas dispostas a ouvir e acolher. É ajudar alguém que ainda não teve coragem de se abrir, mas que de alguma forma se sente melhor ao perceber que não está sozinho.

Sou neto de Chica Xavier e Clementino Kelé, dois dos primeiros negros a pisar no palco do Theatro Municipal do Rio de Janeiro, em 1956, encenando Orfeu da Conceição, de Vinicius de Moraes. Com eles, meus avós, aprendi a militar. Através da arte, do exemplo, da persistência e do conhecimento.

Essa é a nossa história. Nossa. A sua história é a também a minha história. Mexeu com um, mexeu com todos.

Ernesto Xavier

POR QUE VOCÊ
ME EMPURROU?
PORQUE VOCÊ É PRETA!

INFÂNCIA

MAIS UM

Eu tinha onze anos quando passei uma tarde inteira jogando futebol com um amigo no clube onde meu pai era vice-presidente e o avô dele diretor. Éramos duas crianças negras suadas e felizes. A tarde já caía quando passamos na frente de um dos salões onde acabara de acontecer uma festa de aniversário. Algumas pessoas guardavam o que havia sobrado. Foi quando uma mulher nos viu e pediu que esperássemos. Ela trouxe uma caixa cheia de doces e salgados e com uma cara de pena, piedade, sei lá, nos disse:

- Isso aqui é pra vocês dividirem com seus amiguinhos na rua.

Sim, ela achou que éramos meninos de rua pedindo comida. Fez uma boa ação e partiu com seu coração confortado por ter colaborado para a acabar com a fome de alguns pobres garotos.

Nesta mesma época acordei em um sábado com o corpo cheio de pintas vermelhas. Minha mãe, preocupada, me levou à emergência de um hospital perto de nossa casa. O médico mal me olhou e diagnosticou:

- É sarna.

Passou um sabonete especial para que eu pudesse tomar banho.

Não melhorei. Seguia com as pintas e coceira. Foi então que ela resolveu me levar a uma médica de sua confiança na segunda-feira. Diagnóstico:

- Alergia a determinados tipos de corantes.

Eu tinha bebido muita Fanta Uva, só isso. Eu não vivia em condições insalubres, sem higiene, saneamento básico, etc. Mas o médico de pronto assim pensou.

Dez anos se passaram e eu estava prestes a me formar em Jornalismo. Estudei em uma universidade particular. Era o único aluno de toda a faculdade com bolsa de Iniciação Científica paga pelo Estado. Participei de uma pesquisa por 3 anos. Minha monografia tratou sobre o mesmo tema. Ela era, naturalmente, maior e mais elaborada que as demais, já que eu estava debruçado sobre ela há mais tempo que os outros alunos.

Normal.

No dia da apresentação para a banca, uma professora veio até mim e me chamou no canto para conversar:

- Ernesto, levantaram uma suspeita sobre o seu trabalho. Tudo que está ali foi você que escreveu?

- Sim, professora. Por que? A senhora me conhece.

- Desconfiam que você tenha plagiado ou comprado.

- Nunca. Jamais.

Após a apresentação o professor que levantou a suspeita pediu desculpas e me parabenizou pelo trabalho. Tirei 10. Mas ainda estava puto com aquilo.

Eu não vivi em locais de vulnerabilidade social. Estive em espaços privilegiados, onde na grande maioria das vezes eu era o único(ou um dos poucos) negros presentes. Eu tive a oportunidade de estudar, ter plano de saúde, lazer, boa alimentação, estrutura familiar. Tive tudo, entendem? Mesmo assim, em todos os momentos não deixei de ser um homem negro brasileiro, o que significa carregar o estereótipo nas costas, o olhar de desconfiança alheio, a descrença da sociedade, o ódio até, a pena em alguns casos, o desprezo.

João Vítor, de 13 anos, foi morto com um soco, quando pedia comida na porta do Habib's, em São Paulo. João Vítor era preto e pobre. Franzino. Que ameaça trazia para um segurança muito maior do que ele?

Não foi só a agressão que matou João Vítor. Foi o estereótipo, a desconfiança, a descrença, o ódio, o desprezo. O racismo, compreende?

Ele é mais um a morrer apenas por ser preto e pobre.

Mais uma família mutilada.

Mais um para a estatística que poucos dão atenção.

Para morrer, basta nascer preto.

Ernesto Xavier

CAIO CÉSAR, 21 anos, professor

Eu tinha 13 anos no dia do ocorrido.

Estava voltando pra casa, vinha da lan house e era umas 16h de um domingo. Usava um short de elástico, esses de jogar bola, e com a camisa pendurada no ombro. Não estava com armas nem com drogas e, a julgar pela minha roupa, isso era bem nítido, já que nem bolso no meu short tinha.

Senti um carro se aproximar de mim, olhei pra trás e era uma viatura. O policial que estava no carona colocou o corpo pra fora, com o fuzil na mão, apontou pra mim e disse: "Vem aqui, filho da p*ta!"

No susto, simplesmente parei, meu coração gelou, senti um medo enorme e levantei as mãos. Disse que não era nada, que só estava indo pra casa, que morava ali naquela rua mesmo. Ele ainda me encarou por alguns segundos, até que o policial que estava dirigindo disse "deixa, deixa" e foram embora.

Foi a primeira vez que fui parado pela polícia e lembro que me senti um lixo, não entendia o porquê daquilo ter acontecido comigo. Sempre fui um menino tranquilo, nunca usei drogas nem nada, nunca peguei em armas, então acreditava que aquilo nunca aconteceria.

A partir de então, eu percebi que não importava o que eu era ou o que eu fazia, sendo negro e morador de favela, estava sujeito a isso. Um episódio que mudou a minha vida e que poderia ter sido meu último momento. Por sorte, não aconteceu nada e hoje eu estou aqui pra contar essa história.

FERNANDA

Eu tinha oito anos e fui morar em Goiás. Quem conhece Goiás sabe que lá não tem muitos negros. É um estado muito branco. Quando eu cheguei lá passei por situações onde eu apanhava por ser negra. As pessoas lá não conseguiam lidar com diferença, não sei. Mas eu apanhava por ser negra. E apanhava por ser mulher, porque mulher é tido como o sexo frágil e mais vulnerável. Eu passava por isso frequentemente. Fiquei lá dos 8 aos 14, seis anos e nesse período eu apanhei muito e aprendi a bater, na verdade. Aprendi a bater por que tinha que me defender. Eu apanhava em todos os lugares que eu ia, no colégio, no clube, em qualquer lugar, mas eu apanhava porque era a única negra de todas as rodinhas que eu frequentava. Eu tinha poucos amigos e muitos "inimigos", digamos assim, porque eu tinha essa situação que era bem frequente.

Eu morava em um condomínio e tinha um vizinho, o nome dele era Pedro Henrique e uma vez eu estava na piscina, ele me empurrou na piscina e eu questionei por ele estava fazendo aquilo. Aí ele falou assim:

-Por que você é preta.

Então eu saí da piscina porque todo mundo começou a rir, fui pro lobby, lá eu fiquei chorando até alguém aparecer, com medo de subir, com vergonha de contar para os meus pais e passar por essa situação com eles.

JOICE AZEVEDO

O presente relato ocorreu a vinte dois anos na fila de um supermercado na localidade da Pavuna. Os personagens da presente história são minha querida mãe, mulher dedicada, esbelta, vaidosa e negra com muito orgulho, uma menina negra de cachos castanhos, feliz e dentuça, que não tinha muita noção do julgamento que alguém poderia fazer e o Senhor do Relógio, alto, grisalho cheio de si e vazio de tudo.

Todos os sábados minha mãe e eu, saíamos para fazer compras e trazer o que precisávamos ou o quanto podíamos carregar. Aos sete anos era difícil mas, a vontade de ter toda aquela fartura em casa era maior do que qualquer peso.

Após ter pegado todos produtos e colocá-los no carrinho, para o meu tamanho carrão tanto que eu amava entrar nele e fingir pilotar, fomos para a fila e ficamos aguardando nossa vez. Foi nesse momento que tudo ocorreu, nunca achei que alguns momentos em uma fila, ficariam gravados na memória de uma pessoa durante tantos anos.

Minha mãe sempre preocupada com a hora dos seus compromissos, ficou apreensiva ao ver que seu relógio havia ficado sem bateria me fez o seguinte pedido. Ela disse: Joice, pergunta aquele senhor que horas são? Eu vi de longe aquele relógio enorme e brilhante logo localizei o senhor em questão. Me aproximei timidamente e cutuquei seu braço com as pontas dos dedos e disse: Moço! Moço, que horas...

Não consegui terminar a frase, para a minha surpresa fui fixada por um olhar de desprezo, frio, juntamente a mão que balançava como se tivesse espantando uma mosca e ao mesmo tempo dizendo: Não tenho! Não tenho!

Eu voltei aos braços da minha mãe, sem entender direito. Pensei, hora mais se ele está de relógio, como diz que não tem?

E relatei isso a minha mãe que já não estava com uma expressão muito boa. Ela por sua vez disse em voz bem alta: Ela só quer te perguntar que horas são. Ela não é pedinte! E ela tem mãe ta!

O Senhor do Relógio olhou assustado o semblante da minha mãe e sentiu suas palavras entrarem como flechas na sua carne. Rapidamente se desculpou e disse que horas eram.

Mesmo depois das desculpas, as pessoas da fila juntamente a minha mãe ficaram indignadas e conversaram entre si sobre o acontecimento. Me senti numa cidade pequena com notícias novas, em instantes várias filas falavam sobre a mesma coisa e cada vez mais o Senhor do Relógio se recolhia na sua arrogância.

Tudo o que houve só consegui entender em casa, quando minha mãe me explicou o que era preconceito. Antes dessa explicação, percebi que havia ocorrido algo bem ruim pois, me lembro de vê-la chorando no caminho para casa. No intuito de consolá-la eu dizia que não chorasse por que aquele Senhor do Relógio era um CHATO.

Infelizmente temos pessoas muito "chatas" ainda hoje, e essa é a minha contribuição para mostrar a realidade pelos meus olhos de sete anos.

LU FORTUNATO, 34 anos, produtor cultural

Eu senti na pele quando tinha tanto as dúvidas nas disciplinas mais difíceis, quanto a indiferença dos professores que podiam sana-las. Eu me esguelhava pedindo atenção do coronel professor de geometria descritiva, mas que fazia questão de fingir que não ouvia o pretinho filho do sargento, mas que era todo amores pra loirinha filha do oficial. Ele não me ouvia, mas a turma toda ouvia, porque precisavam ter me ouvido pra fazer piada da minha voz fina, que insistia em vão contra o coronel brucutu. Ah, mas tinha a professora legal que dava aula coletiva pros internos, sim, tinha, e eram aulas esporádicas. Quando ela estava a fim, e quando eu a procurava na sala dos professores, mandava dizer que estava ocupada, e eu permanecia com a dúvida e o medo da reprovação.

Ah, falei de aulas para internos porque eu era do internato. Aquele internato cujos alunos não raramente sofriam a falta de comida decente porque a tia do rap roubava a comida ou servia comida vencida, porque a boa ela levava pros filhos e parentes dela - não tá fácil pra ninguém.

Ah, acha pouco?

Então que tal te contar que nesse internato esse preto aqui sofria quase que diariamente abuso sexual e vivia com medo porque os alunos maiores como você, por exemplo, nada faziam porque deviam achar divertido ver o pretinho franzino virar boi de piranha. Ou continuava sofrendo porque o comandante do internato nada fazia além de achar divertido me ver prestando queixa dos constantes abusos? Ah, mas e os amigos, não tinha amigos? Tinha uma amiga que se dispunha a me ajudar nas matérias porque era uma das melhores da série toda, mas nem sempre podia me ajudar porque também estava na sua luta íntima contra a depressão causada pelo boyzinho branco que vivia chamando minha amiga de macaca...

É como diz o samba: chorar como eu chorei qualquer um chorava, nadar contra a maré como eu nadei quero ver quem nadava... Por muitas vezes cheguei à beira de me afogar.

Eh, meu caro, eu estudei no melhor Colégio do Rio, mas foi melhor pra quem? Igualdade de quê? Por conta dessas desigualdades todas eu passava o ano inteiro no sufoco e me virando na recuperação - não bastava ficar longe da família o ano todo. O pretinho aqui também tinha que sacrificar as férias e no ano seguinte em vez de receber parabéns, recebia o desdém e a surpresa porque apostavam que eu ia levar pau. Eu ia pra escola crendo que ia pra estudar, mas descobri q eu ia pra sobreviver. O melhor colégio do Rio não era nada fácil, mas pra mim muitas vezes parecia impossível diante de tantas dificuldades e falhas do meu aprendizado. Hoje sou mestrando, e quero cotas raciais em concursos e onde mais for porque tudo isso que passei foi por conta do racismo imposto à minha cor, e se não fosse esse racismo todo, eu não seria apenas um mestrando, eu seria um semi-Deus. Minha divindade foi roubada, mas vim pra cobrar.

"Quando isso vai acabar?"

Quando os ignorantes deixarem sua ignorância, quando os

indiferentes deixarem sua indiferença, quando os canalhas deixarem sua canalhice, mas para os apressados tenho más notícias: essa indiferença, essa ignorância e essa canalhice são preservadas porque superbeneficiam quem sempre teve vantagens na desigualdade. Por essa desigualdade mesmo é que essas pessoas ocupam os espaços de decisão e de poder e decidem por manter sob sua propriedade o que em igualdade real de condições JAMAIS SERIA SEU.

LUANA XAVIER, 28 anos, atriz

Eu vou contar uma história que marca mais porque eu era muito nova, tinha uns 8 anos mais ou menos. Principalmente porque essa história envolve não só a mim, mas o meu irmão. Cada um procura uma forma de defesa, né? E acho que quando criança a forma de defesa seja muito mais instintiva do que hoje, quando a gente pensa um pouco mais, raciocina antes de falar, antes de agir.

Eu estava na escola e uma colega minha de turma, de pele clara, porém com o nariz como o meu, o cabelo como o meu, então ela se julgava branca, ela jurava que era branca. Eu não tenho muita certeza, mas a nossa briga foi por uma questão de nota. Eu acho que eu tinha tirado uma nota maior do que a dela e aí ela ficou chateada porque eu fiquei falando pra todo mundo que minha nota tinha sido boa e ela olhou pra minha cara e disse:

'Você é uma macaca. E não é só você que é macaca. Sua mãe é macaca, seu avô é macaco e sua avó é macaca'.

Ela nem falou meu pai, falou 'sua mãe, sua avó e seu avô'. Ela sabia que meus avós eram atores, conhecia eles, foi a forma que ela encontrou de me ferir, embora ela não soubesse que estava me ferindo, já que ela tinha a mesma idade que eu. Não satisfeita com aquilo, fui contar pro meu irmão. Meu irmão, que sempre foi um menino muito "delicado", na hora do recreio me perguntou "quem é ela?" e apontei "foi aquela menina ali". Vanessa o nome dela. Sei até o sobrenome, mas deixa pra lá. E contei pra ele o que tinha acontecido, ele chegou, foi junto comigo no recreio, ele olhou pra cara dela e perguntou:

'O que foi que você falou pra minha irmã?"

"Eu disse que ela era uma maca..."

Ele não deixou ela nem terminar a frase. Ele deu um só na cara dela. Naquele momento eu me senti super vingada, mas porque pra mim, ao mesmo tempo que eu sempre soube da minha origem, dos meus ascendentes, sempre tive muito orgulho disso, porque é o tipo de coisa que eu posso dizer que aprendi em casa, eu não queria ver ninguém falando nada, principalmente porque não falou só de mim. Quando fala da nossa família é ainda pior, né? Ainda mais quando falou da minha mãe, minha avó e meu avô.

Então como eu e meu irmão sempre fomos muito grudados, a forma que eu encontrei foi contar pra ele, que foi lá e resolveu. Nós fomos chamados na coordenação. A gente foi rindo pra coordenação, eu lembro disso, a gente sabia que ia se ferrar. A gente tinha feito uma coisa que não era correta, mas ninguém chamou a menina pra perguntar o que ela tinha feito. O problema foi o tapa que meu irmão deu nela, não foi o que ela me disse.

O que eu acho que as pessoas devem pensar é que macaco é um animal que está no zoológico, tudo bem. É um amigo, quase doméstico. Acho que as pessoas não entendem como aquilo marca. Pode ver que eu lembro disso. Hoje eu tenho 28 anos. Vinte anos depois eu lembro disso e minha memória nem é tão incrível assim.

No mesmo ano eu ouvi a mesma frase na colônia de férias. E aí dessa vez, como a colônia era no trabalho da minha mãe, e minha mãe nunca levou desaforo pra casa, ela foi conversar com o pai do menino, que era colega dela de trabalho, porque o menino também tinha me chamado de macaca.

Foi assim que eu senti na pele. A primeira vez, né? A partir daí eu fui sentindo várias vezes, mas aprendi a me defender sozinha. A gente resolve querer estudar para saber responder, ao invés de ter que usar a violência, embora às vezes dê muita vontade de usar a violência.

LUANA, 34 anos, Contadora e Funcionária Pública Municipal

Quando criança, meus pais sempre se esforçaram para que eu pudesse estudar em bons colégios. Sendo assim, estudei em colégios onde pessoas de classes sociais superiores a minha frequentavam. Um deles, foi o "Arte e Instrução", um colégio bem tradicional em Cascadura, no Rio de Janeiro.

Lá, em todo o universo de estudantes da instituição, só haviam 5 crianças negras.

Durante todo o período em que fui aluna da referida instituição, tive sérios problemas por conta de discriminação racial. Sendo, inclusive, proibida de expôr meu trabalho durante uma Feira de Ciências por tal motivo...

As atitudes racistas partiam tanto dos alunos, quanto dos dirigentes e coordenadores da instituição...

Mas o pior de tudo era com relação a um aluno em específico que estudava na minha turma, chamado Antônio, apelidado de Tom. Nunca esquecerei desse nome...

Esse menino era integrante de uma família bem abastada financeiramente, composta por ele, pai, mãe e um irmão bebê.

Durante uma viagem de carro sofreram um acidente, e toda a família dele veio a falecer, restando somente ele como sobrevivente.

Claro que tal acontecimento causou um imenso trauma nele enquanto criança.

Quando isso aconteceu, os avós pegaram a guarda dele para

que pudessem terminar de criá-lo.

Mas diante do trauma ocasionado, ele tornou-se uma criança extremamente agressiva. E para que pudesse extravasar essa agressividade, os avós o matricularam em todas as lutas existentes na época.

Até aí, nenhum problema, sendo que ele aprendia a luta na academia e praticava os golpes nas crianças negras da escola...

Em uma das vezes ele atingiu um dos meninos com um golpe e o menino rolou três andares de escada, quebrando ambos os braços...

E uma de suas outras vítimas fui eu, que em um de seus ataques, fui golpeada diversas vezes na barriga, sangrando abundantemente e tendo que ser levada ao hospital.

Como consequência dessa agressão, tive uma deficiência em meus ovários e útero, que ainda estavam em desenvolvimento, causando minha esterilidade.

Quando minha mãe foi buscar respaldo do Colégio, eles ainda tentaram alegar que eu poderia ter sido culpada da agressão por ter feito algo com ele anteriormente.

Mas, tudo isso, é porque tudo que ele fazia de errado, os avós injetavam uma quantia absurda como investimento no Colégio, e eles acabavam fechando os olhos...

Como na época, essa questão do racismo não tinha tanta visibilidade, minha mãe não processou nem nada. Só me tirou da escola, para que eu não fosse mais agredida..

MICKAELA, 26 anos, Designer de estampas

Quando tinha uns 6 anos, havíamos acabado de mudar de cidade não havia muitos anos e sempre fui uma criança isolada, que vivia no meu mundinho.

Meus pais se preocupavam muito com isso e queriam que eu fizesse logo novos amiguinhos e havia uma amiga da minha mãe que me convidou para o aniversário do filho dela. Era uma oportunidade ótima na cabeça dos meus pais.

Minha mãe não pôde ir e me deixou aos cuidados dela. Eu usava trancinhas e vários "frufrus" no meu cabelo, onde ele ficava bem colorido e vistoso. Ela me levou para o aniversário do filho dela, notei que era a única criança diferente naquele ambiente. Eu não tinha a percepção de ser negra, mas percebia que as crianças me olhavam com uma cara nada boa. Entreguei o presente ao filho dela, ele fez cara de pouco caso, devia ter uns dez anos. Detalhe: minha mãe fazia questão de dar presentes caros. Ele não me abraçou, na verdade, me fixou o olhar com uma cara de ódio, sendo que nunca havia visto ninguém daquela casa, apenas a sua mãe. Pedi a ela pra que me levasse pra casa, ela não deixou, disse pra me divertir com as outras crianças e me levou até elas e me deixou sozinha. Os adultos ficaram em outra salão bebendo. Comecei a ouvir sons de macaco e algumas crianças puxaram meu cabelo. Eu tentei me proteger mas não adiantou, elas foram até o aquário e buscaram pedrinhas, eu fui "apedrejada" por todas aquelas crianças que fizeram um motim, corri muito até a porta.

Achei que finalmente estava salva, não sabia onde estava e aí vi uma árvore e pensei que poderia ficar ali atrás para me proteger fora daquela casa até minha mãe vir me buscar. Como era uma casa de 3 andares, senti pedrinhas sendo jogadas do segundo andar até me esconder debaixo daquela árvore.

Horas depois minha mãe veio me buscar. A mãe do tal garoto apareceu, mas nem notou a minha ausência. Eu já tinha enxugado minhas lágrimas, minha mãe notou que meu cabelo estava diferente e que tinha pedrinha de aquário por todo o chão. Perguntou porque eu estava fora da casa, eu menti sem dar muitas explicações, ela fez várias perguntas, mas consegui enganar minha mãe, até porque eu não era social, prometi a mim mesma que nunca voltaria àquela casa e nunca perdoaria aquelas pessoas.

Eu hoje, me pergunto como crianças podem ter sido tão más comigo, pura e simplesmente por ser negra? Até hoje lembro de tudo e tenho medo. Eu mudei e perdoei estas pessoas, não falo com nenhuma delas, mas a vida deu a elas todas as pedrinhas que eu recebi. Nunca contei isso aos meus pais e poucas pessoas sabem disso.

Essa não é a primeira vez que fui vítima de racismo e nem a última.

ROSANE DE SOUZA

Eu tenho uma história um pouco atípica. Uma família negra no Rio de Janeiro, que ascendeu à classe média nos anos 70. Nem preciso dizer que fui sempre a única pessoa negra da escola, do curso de inglês, da aula de dança, da turma de piano... Minha família, como a maioria brasileira é bem miscigenada; meu avô materno era filho de portugueses e com minha avó negra teve filhos mulatos/negros (eu adoro a palavra mulata! Minha mãe que é também gosta. Não sou 'politicamente correta' nesse ponto, mas respeito quem não gosta e não quer usá-la.) e outros de pele branca.

Meus pais sempre foram muito politizados. Apesar de ser cria da ditadura, sempre se falou de perseguição política, exilados, tortura, movimento dos direitos civis, guerra fria. Com 7, 8 anos eu já sabia que tinha existido um Martin Luther King e que na África do Sul os negros tinham que viver em bairros separados, andar em calçadas separadas, etc. Mas aqui não era assim. E na minha família existia gente de todas as cores. Então, até meus 9 anos eu achava que o racismo e o preconceito eram coisa do passado, do tempo de Luther King; ou de outros lugares, distante como a África do Sul.

Sou da geração que viu os últimos dias do ensino público de qualidade, extensivamente. Agora temos algumas ilhas de qualidade num mar de problemas e deficiências nas escolas públicas. Naquele tempo uma família de classe média como nós - meu pai é economista e professor universitário e minha mãe dona de casa- vivendo num bairro de classe média, colocava os filhos na escola pública do bairro.

Quando eu iria para a 4a série do fundamental, com 9 anos, minha escola entrou em obras e fechou. Junto com outros pais de quem eram amigos, resolveram colocar a mim e algumas amigas numa escola particular da Tijuca, com pouco tempo de atuação mas fama de 'ensino forte' e q preparava para o exame de admissão no Colégio de Aplicação da UERJ. As turmas eram separadas por desempenho e eu, não acostumada a concursos e esse tipo de avaliação, fui inicialmente para uma turma de desempenho fraco. Mas no final do 1º bimestre minhas notas eram tão boas que resolveram me passar para a 1ª turma.

Lá cheguei eu, numa turma com quase 40 alunos dos quais só 4 eram meninas, já que o colégio também preparava para o concurso do Colégio Militar. Todos brancos. Logo no 1º mês depois de mudar de turma tive uma discussão com um dos meninos, por algum assunto bobo de que não me recordo. Alguma coisa ligada à escola, às aulas, uma divergência de opiniões boba em que eu defendi meu ponto de vista de forma firme como sempre fazia, como meus pais me ensinaram. Quando ele se viu vencido e sem argumentos, disparou: "O seu cabelo é feito para limpar privada." Foi tudo muito rápido. Uns risos, eu me calei espantada porque não sabia como reagir (o que aquilo tinha a ver com a discussão?), pega de surpresa, desavisada. Meus olhos se encheram de lágrimas, mas eu não chorei. Logo em seguida chegou o professor de matemática que ouviu o final da conversa e disse para o garoto: "E a sua cabeça é o que a gente coloca dentro da privada! E vai já para o seu lugar antes que eu te mande para a secretaria."

Aí os risos se viraram contra ele, a aula começou e, como bons alunos dos anos 70, fomos para nossas carteiras; o professor transformado em meu herói pessoal (mesmo se pensarmos que ele devia ter punido o aluno, etc. Não vamos esquecer que isso foi em 1976...)

Só contei isso para meus pais muitos anos depois. Sentia um certo constrangimento. Aquela menina opinativa, sempre com uma resposta na ponta da língua não tinha tido resposta; foi pega despreparada...

Esse evento marca uma morte e um nascimento! Sempre carreguei uma mágoa porque ali morreu a menina que acreditava na bondade das pessoas (principalmente de outras crianças), que confiava, que achava que seria julgada e avaliada pelo q ela fosse: se eu for boa, os outros serão bons comigo; eu pensava. A minha maior mágoa daquele menino foi por ter matado minha inocência...

Por outro lado, ali nasceu minha Consciência Negra. Meu orgulho que já existia pelas histórias que os pais contavam tornou-se muito maior. Surgiu a noção da luta e de contra o que se luta, o desejo de ser agente de transformação. Pode parecer mentira, já que eu tinha 9 anos, mas eu explico: eu percebi que eu era a única pessoa negra que muitos dos meus colegas, amigos, vizinhos, conheciam. Então eu vi que independente do meu desejo, o que eu fazia e dizia, deixava uma impressão. Isso não foi fácil; não foi feliz e libertador crescer assim, acreditem! Crianças não devem sentir essa responsabilidade; o peso de serem manifestos ambulantes! Mas eu passei a me sentir muito assim, e pensar que era minha escolha de que tipo de mensagem eu queria passar. Inclusive a que se tornou a minha favorita q é a de chamar a atenção para onde as pessoas escondem seu preconceito.

THIAGO, 31 anos, tatuador

"Eu queria ser branco igual a minha irmã, os garotos me odeiam"

Quando eu tinha 7 anos eu estudava em uma instituição social católica para crianças carentes no centro de São Paulo. Minha família era pobre e eu nunca tive um esclarecimento sobre nossa cor ou de onde nós viemos, e como minha mãe e irmãos trabalhavam, não tinha ninguém pra cuidar de mim durante o dia. Lá na instituição eu sofria racismo dos garotos de todas as raças, até os negros mesmo me pegavam pra me zoar durante o recreio. Eu me odiava, eu odiava meu cabelo e minha pele, pois achava que eu tinha algo errado, nunca ninguém tinha me dito que era uma pele bonita, ou que eu deveria me orgulhar sendo eu mesmo. Minha irmã tem a pele clara, mas nossa mãe é negra. Uma das vezes em que as chacotas e zoações eram frequentes eu disse pra minha mãe: "Eu queria ser branco igual a minha irmã, os garotos me odeiam".

Apesar de ser uma instituição que cuida de crianças, eu não tive acompanhamento pedagógico e nem muito apoio dos meus parentes. Uma vez sentado no chão do recreio conversando com um amigo, ouvi alguém fazendo uma piada, me chamando de Mussum (Um apelido que não é ruim, mas que vem de maneira negativa na sua autoestima, pois algumas pessoas ainda enxergavam o Mussum como NEGRO, BURRO E POBRE). Enquanto estava sentado eu senti um chute nas minhas costas. Depois de tantas provocações eu não suportava mais aquilo e eu reagi. Segurei o pé do agressor e levantei com força e ele perdeu o equilíbrio caindo de cabeça em uma quina de parede. Ele começou a sangrar na hora e quando olhei era um garoto negro também igual a mim. Ele levou 8 pontos na cabeça e eu ao invés de receber um aconselhamento, fiquei de castigo por tanto tempo que não me lembro mais. Minha mãe foi aconselhada à diretoria para eu fazer sessões com um psicólogo, pois eu não estava aceitando minha cor (Por incrível que pareça, as sessões só me deixavam mais revoltado). Eu tinha delírios em querer ser branco, mas tudo isso era para escapar disso, escapar da exclusão racial.

Depois de muitos anos, vestígios de pessoas maravilhosas que passaram na minha vida conseguiram me ajudar e me salvar de uma vida de frustração e quem sabe criminalidade, me mostrando o real valor que cada raça possui. Descendo de negros, índios e espanhóis. Finalmente sei o que sou e sei meu valor e passo isso para meu filho também. Devemos deixar claro para nossas crianças a importância da raça negra, para que elas não sofram as mesmas consequências que nós.

WANESSA, 24 anos, cantora lírica.

Pensei muito antes de relatar um pouco da minha história, simplesmente porque eu não lido muito bem com coisas dolorosas e racismo dói na hora, dói meses depois, dói anos depois, dói a vida toda. Mas eu sinto que é necessário falar porque ainda me sufoca. Eu ainda abaixo a cabeça em várias situações, e não quero nunca mais me calar. Então vou falar...

Minha mãe é branca, toda a família dela é. Meu pai é negro, toda a família dele é. Quando eu era criança sempre me senti diferente na escola, desde a pré escola, mas não sabia o porquê, eu olhava as outras meninas e não me sentia parte de nada, era muito estranho, além do fato de eu ser um pouco agressiva, nunca fui um poço de delicadeza...Todo mundo falava que eu era rebelde e não podia ser assim, tinha que agir como uma mocinha.

Um dia, aos 9 anos, estava andando pela escola na hora do intervalo sozinha e um grupo de meninas brancas me olharam e apontaram dando risada (eu sou gordinha tbm, imaginei que fosse por isso. Hoje entendo que é por tudo.), mas continuei andando. No outro dia também na hora do intervalo, elas passaram por mim mais uma vez rindo e apontando pra mim e eu fiquei quieta, claro. Uns 5 minutos depois uma delas veio até mim dizendo que a diretora queria falar comigo. Gelei dos pés a cabeça, eu era quieta igual a um túmulo e não sabia o quê poderia ter feito. Quando cheguei na sala da diretora estavam todas essas meninas lá e a diretora falou pra mim:

- Você não tem vergonha de rir da sua colega? Como você

pode falar que ela é feia, quem é você pra falar isso da sua colega? Aqui nessa escola nós prezamos pelo respeito!

Eu perguntei:

- Que colega?

Ela apontou pra uma das meninas, que eu fiquei sabendo naquele momento que o nome era Lívia, e disse:

- O que você tem a dizer?

Eu:

- Eu não conheço ela...

Aí ela me chamou de mentirosa, mandou eu pedir desculpas e nos dispensou.

No dia seguinte eu saí da sala pra ir tomar água e dei de cara com essa Lívia e ela me encostou numa pilastra e disse:

- Sua neguinha!

E saiu andando...E eu fiquei ali parada por uns segundos. Não sei dizer o que senti, só tinha 9 anos...

Eu não sabia que era negra. Eu olhava para as minhas primas e sabia que era diferente, mas não sabia identificar o que era, só olhava pro espelho e desejava todos os dias para ser igual a elas.

Situações como esta que relatei acima me acompanharam no tempo de escola INTEIRO. Da primeira série ao terceiro ano do Ensino Médio. E em outros espaços também.

Apanhei de meninos na quarta série porque eles diziam que eu era a mais feia de todas. Eles perguntavam se eu passava "pó de arroz" na cara pra ela ficar marrom daquele jeito...Faziam concurso pra eleger a mais peituda da classe e sempre diziam que pelo menos nisso eu ganhava...

Fui acusada de roubar uma agenda na quinta série porque fui a última que viu a nova agenda de uma menina e depois de eu ter visto sumiu e acharam (lógico) que tinha sido eu quem pegou...

Apesar de ter parado de alisar meu cabelo aos 20 anos, só me descobri negra aos 23. Então ainda me encontro em processo de descoberta de identidade, mas hoje sei quem sou.

Me perguntam porque sou tão tímida, eu nunca soube responder porque, mas uma possível resposta seria: Eu nunca tive opção, né? Me calaram de muitas formas por muitos anos.

"BENEDITA,
AMÉLIA BICUDA,
MACACO..."

A RUA É O CAOS

NOVAMENTE O CAOS

Quantas vezes ainda terei que falar de jovens negros(as) mortos pela mão do Estado?

Cansa, mas não dá para desistir, pois o silêncio e a inércia colaboram para que a polícia siga matando indiscriminadamente.

A guerra que vivemos tem vítimas de todos os lados, eu sei. A guerra atinge gente de todas as classes, eu sei. Mas ela atinge em cheio e de forma (praticamente) institucional a juventude negra e pobre das periferias.

Maria Eduarda não morreu por bala perdida. Nenhuma bala é perdida no Rio de Janeiro.

A cidade da beleza e do caos, principalmente do caos, é o pior lugar no mundo para um jovem negro.

Em sua grande maioria ele vai conviver com tiros, batida policial, preconceito, fome, falta de saneamento básico, morte por todos os lados, futuros abortados, famílias despedaçadas.

O que hoje a internet mostra para todos ficarem estarrecidos, já acontecia dentro das favelas desde as décadas de 50 e 60 e ninguém falava nada, não ficava sabendo ou simplesmente não se importava. A polícia sempre entrou atirando e depois declarava que tinha resistido ao ataque "inimigo", que eram na verdade vítimas dos próprios vitimados.

Sempre foi assim. Continua sendo. Continuam morrendo.

A cidade tinha que parar. O país tinha que parar. O mundo tinha que lamentar, colocar avatar no Facebook, ocupar ruas, cobrar o legislativo, o judiciário e o executivo. Ir pra televisão, pro rádio, pra internet. Mas é só mais um preto. Só mais um pobre. "Um coitado que devia ter algum envolvimento". Um preto invisível.

Era uma jovem de 13 anos. Estava na escola. Lugar onde deveria ser construído o seu futuro. Não. Foi ali ceifada de qualquer possibilidade. Retirada do mundo para entrar nas estatísticas que ninguém entende, não vê, não se importa.

Virou número. Só será lembrada como "gente" por quem a conhecia de perto.

O sujeito liga pro Criança Esperança pra doar 7 reais e acha que já fez sua parte. "Ufa! Agora posso seguir minha vida. Sou um cara de bem". Não, amiguinho. Tu não fez nada. Tu aplaude PM em manifestação. Tu acha Bolsonaro maneiro. Tu concorda com "bandido bom é bandido morto". Tu faz brincadeira com negro. Tu acha normal não ter preto na universidade. Tu despreza as vidas pretas perdidas diariamente. Tu é igualzinho os que apertam o gatilho. É cúmplice.

Não sei se o dia da mudança chegará diante de meus olhos. O completo colapso social que vivemos hoje me faz desacreditar que exista uma solução a curto ou médio prazo. A desigualdade social é o grande motivador das guerras de hoje e das que estão por vir. Sem igualdade, não haverá sociedade justa. Sem justiça, o que resta é a revolta. E na revolta, filho, todo mundo sai perdendo e a polícia atira "com motivo".

Enquanto isso cerca de 115 policiais militares já foram atingidos por tiros em 2017(até abril) no Rio de Janeiro. Só no Rio de Janeiro. Entenderam? Mais do que um por dia. Nem sei dizer quantos inocentes foram atingidos e vitimados esse ano por aqui. Um número ainda maior, com certeza. É guerra civil. A polícia defende os interesses do Estado e não da população. Eles têm lado. E não é o nosso.

E as vidas pouco importam.

Não é a vida de um riquinho do Leblon. É o filho ou a filha da Dona Maria, que mora no Alemão, estuda em escola municipal e que tem que se jogar no chão toda vez que começa um tiroteio.

Vou ter que escrever sobre isso muitas vezes ainda. Todas elas vão doer na alma. Porém nada irá se comparar a dor de quem realmente perdeu alguém.

Para essas pessoas, o meu pesar sincero.

Para os atiradores, a lei.

Ernesto Xavier

PAULO ANDEL, 47 anos, escritor

Três vezes por semana, por volta das seis e meia da tarde, quando chego à portaria do prédio onde moro, no coração do Centro do Rio, olho para o outro lado da rua e vejo uma das consequências do racismo no Brasil. À espera de doação de sopa, uma imensa fila de desempregados moradores de rua e pessoas com outras carências. Cerca de cinquenta ou sessenta homens.

Todos são negros, ou quase todos: quarenta e oito ou cinquenta e sete, dependendo do dia. Vejo esta fila há dezessete anos, desde que me mudei para o atual apartamento.

A cem metros daquela fila, fica o principal hospital de referência para o tratamento de câncer no país. Ali perto, existe uma efervescência grande de médicos. Vários frequentam o bar onde bato ponto, bem perto do hospital, do prédio onde moro e da fila da sopa que acontece três vezes por semana. São fáceis de serem notados, seja quando estão com roupas características, seja quando estão à paisana: há uma mistura de sotaques e invariavelmente ao menos uma garota bonita. Frequento o bar duas vezes por semana e, se pensar em dezessete anos, foram cerca de 1.768 vezes, descontando-se as hipérboles. Devo ter esbarrado com a turma dos médicos, em suas diversas gerações e formações, pelo menos seiscentas vezes então. Um fato chama atenção: nunca vi um negro entre os presentes à mesa.

São apenas duas pequeninas amostras pontuais, sem caráter científico, certamente suscetíveis a inúmeras críticas, mas que ajudam a ilustrar uma silenciosa tragédia brasileira. Afinal, nos dois casos, ainda que aleatoriamente, o observador realizou centenas de medições.

Tenho visto o racismo por toda parte, desde que me entendo por gente. Em 1977, eu tinha oito anos de idade e brincava com amigos num vão debaixo de uma escada rolante num shopping center de Copacabana – lá as coisas eram e são assim. Um segurança veio ralhar conosco, embora nada estivéssemos fazendo de errado. Éramos quatro amigos; entre nós havia um menino que era engraxate, negro, chamado Ismael. Desnecessário dizer que ele foi o único a ser retirado do shopping (onde felizmente votaria em breve). Entristecidos, acabamos com a brincadeira e voltamos para nossas casas.

Embora não tenha a pele negra, fui vítima de racismo quando usava meu cabelo grande aos 12 ou 13 anos de idade: "Pixaim", "Bombril" e "Cabelo de Macaco" foram alguns dos adjetivos direcionados ao meu modelo capilar. Cresci ouvindo dizer que o Brasil não era um país racista, mas alguns detalhes sempre me fizeram desconfiar de tal afirmação. Bastava olhar o burburinho em um ônibus quando algum negro, de qualquer idade, passava pela roleta do coletivo (que antigamente ficava na porta de trás) e se sentava no último banco. Ah, se o veículo passasse por uma blitz, a chance deste indivíduo não ser abordado e detido para averiguação era zero.

Espiar as ruas de Copacabana dos anos 1970, 1980 e 1990, onde 95% dos pedintes são invariavelmente negros. O problema continua até hoje. As pessoas reclamam – com justiça – da atual violência no bairro, com assaltos e gangues nas ruas. Poucos percebem que, naqueles grupos agora violentos, está estampado na pele o descaso de décadas e décadas com as nossas crianças. Quando Leonel Brizola implementou os CIEPs no Rio de janeiro, já tinha percebido a gravidade da situação: só a escola poderia quebrar a segregação racial enrustida no Estado e espalhada pelo país. Naturalmente, foi escorraçado pelos meios de comunicação. O resultado do boicote às escolas de então, todos vemos e lemos diariamente no horror das grandes manchetes.

Eu adorava o Maracanã antes dele ser estuprado em nome da corrupção e da ganância financeira. O estádio vivia cheio, eram outros tempos. Dizem que agora o público mudou, que os perfis são outros, mas ninguém fala que o que enchia as arquibancadas e a geral eram os torcedores que vinham de trem, dos subúrbios e da região metropolitana. Em sua maioria avassaladora, negros, que muitas vezes ali tinham a única sua diversão e prática de sociabilidade regular. Excluídos pela nova ordem das arenas assépticas, eles não estão mais lá, e isso ajuda a explicar um vazio enorme.

Ali do lado do meu playground de infância, a minha saudosa UERJ, hoje enferma com tanto descaso das autoridades. Será apenas coincidência que, ao se tornar a praça de vanguarda das cotas para alunos – e com os cotistas apresentando sempre melhores resultados do que os demais estudantes em média -, a instituição foi definhando aos poucos, quando deveria ser tratada com total prioridade? Bem antes, há 25 anos, a Universidade tinha outro perfil: nela, eram bem claros os "cursos de brancos" (com alta procura e alta relação candidato-vaga) e os "de negros" (exatamente o contrário). Ninguém falava, mas era uma evidência. Os carros do estacionamento eram todos dos "bem-nascidos". Aos outros, restavam o trem e os pontos de ônibus em frente à saída. Não havia racismo, mas sim as consequências dele.

Tenho amigos negros, namoradas negras, minha namorada é negra. Todos eles são capazes de contar ao menos um episódio onde foram vítimas ou testemunhas de racismo. Nem sempre é aquele declarado, mas o subliminar, o que fica nas entrelinhas.

Entrar num prédio e o porteiro – às vezes negro - indicar o que se chama "elevador de serviço" (quer algo mais racista e excludente?). O do olhar, que fulmina, mas nada diz. Já vi e senti isso muitas vezes, e o mais difícil é pensar que, provavelmente, ainda sentirei muito, principalmente depois do golpe. A pele dos fuzilados pela Polícia é geralmente negra; o sistema carcerário nada fica a dever aos navios negreiros. Na televisão, a vitória de um negro em qualquer seara ainda é recebida com surpresa.

Falei muito do Rio, mas a maior prova de tudo o que aqui escrevi fica a quase 500 quilômetros da minha casa. Trata-se de um jovem negro chamado Fernando Silva Bispo, mais conhecido pela alcunha de Fernando Holiday, hoje vereador em São Paulo. Pesquise por este nome, pelos seus arredores e você entenderá o que o racismo velado é capaz de articular – subterrânea e hipocritamente - no Brasil.

FAGNER, 35 anos, jornalista.

Aconteceu hoje de manhã, na porta do Itaú. Eu só queria sacar. A porta do banco travou uma vez. Eu só seria sacar. O segurança se aproximou pedindo para ver a minha mochila. Eu só queria sacar. Abri a mochila. Eu só queria sacar. Dentro dela, uma marmita e um livro, A Revolução dos Bichos. Eu só queria sacar. O segurança diz que não poderia liberar a minha entrada. Algo travava a porta. Eu só queria sacar. Pedi uma sugestão. Afinal, eu só queria sacar. Arrancar o zíper da mochila? Eu quero sacar. Não posso liberar a sua entrada. Eu quero sacar. O que o senhor tem nos bolsos? Eu só queria sacar. O senhor está atrapalhando o direito de ir e vir dos clientes. Eu também sou cliente. Eu quero sacar. Calça jeans surrada ao chão. Um cliente de cueca na porta do Itaú. Chama o gerente agora, seu racista! Seu animal! Eu quero sacar! Pessoas gritam. Chega o gerente. Eu quero sacar! A porta é liberada. As carnes tremem. O ódio domina. Pedido de desculpas. Água. Saque efetuado com sucesso. O cliente sai do banco com dinheiro no bolso, mas se sente um indigente. Eu só queria sacar.

CARLOS, 22 anos, fotógrafo

Agora pouco, voltando do trabalho, em frente ao Fluminense, em Laranjeiras, ao atravessar a rua movimentada, vejo uma mulher, que me olhava numa mistura de medo e raiva, puxar seu filho rápido e forte para seus braços e dizer desconfortavelmente em voz audível:" vem filho, vamos esperar seu pai."

Na hora veio um aperto no peito e uma vontade forte de chorar – eu engoli. Segui meu caminho.

Até agora, ao escrever esse texto, meus olhos continuam marejados e meu peito apertado.

Então, decidi compartilhar com vocês um desabafo:

nunca apanhei da polícia ou de alguém por ser negro, nunca fui convidado a me retirar ou fui impedido de entrar num lugar por ser negro. É revoltante e dói muito saber que essas coisas ainda acontecem.

Mas passei a minha vida a presenciar e a sofrer muitas formas de preconceito racial, todas de forma velada. Algumas mais outras menos:

o desconforto disfarçado – mas descarado –por estar próximo a você, o olhar de cima baixo, os vários táxis que não param, as meninas que até trocariam beijos, mas que seriam incapazes de namorar e de apresentar à família, o trocar de lado da bolsa ao passar por você, as abordagens policiais desnecessárias.

Hoje eu estou com o peito dolorido por ser visto como um monstro. Penso em todos os muitos outros que sofrem diariamente com toda essa agressão e violência, penso até nos meus filhos: meus olhos enchem d'água novamente, assim como os olhos do meu pai se encheram ao saber do que aconteceu hoje comigo.

Que cada um de nós lute para que os verdadeiros monstros: os do preconceito, da violência e da discriminação de qualquer tipo sejam destruídos na nossa sociedade.

CECÍLIA, Mestre em Psicologia

Como agir quando você tem uma reunião marcada, chega ao local com alguns minutos de antecedência, se apresenta na recepção e aguarda ser chamada, alguns minutos depois escuta a mesma recepcionista a qual você se apresentou atender o interfone e negar que a pessoa esperada tenha chegado? Inicialmente, você pensa que é um mal-entendido, a situação se repete uma segunda vez e você ainda sem acreditar, começa a compreender o que está acontecendo, mas, não quer acreditar, até que após a terceira chamada, você, finalmente, entende que por ter ser apresentado apenas pelo nome, sem o título profissional, a recepcionista branca não conseguiu associar a imagem de uma mulher negra, com a função de psicóloga e, portanto, mesmo eu tendo dito que estava lá para uma reunião com o diretor da clínica, quando esse procurou pela profissional em questão e mesmo eu sendo a única pessoa na recepção, ela, simplesmente, disse, que não, que a PSICÓLOGA, ainda não havia chegado, quando eu fui até ela e disse, que sim, que a psicóloga já havia chegado há alguns minutos e se apresentado a ela, eu juro que nem assim ela entendeu, ela, acreditem, olhou em volta para ver de quem eu estava falando, eu tive que dizer com todas as letras: EU, A PSICÓLOGA SOU EU, e com o ar mais surpreso do mundo, finalmente, ela me acompanhou até a sala da diretor. Ser negro/a nesse país é extremamente difícil, é ter que insistir diariamente para existirmos, para sermos vistos, para sermos respeitados, para estarmos vivos. Meus amigos, se vocês têm alguma capacidade de empatia, de possibilidade de se colocar no lugar do outro, jamais desqualifiquem nossa luta, por tudo ou qualquer coisa que vocês acreditem, não nos chamem de vitimistas, não digam que estamos de mimimi, se você não é negro, você não tem nem de longe a noção do custo dessa condição numa sociedade que se estruturou sob e sobre o estigma da escravidão e do racismo.

BRUNA SIMÕES, 21 anos, Estudante de psicologia

O dia em que parei de tomar a "Limonada"

É sempre muito difícil parar para refletir e ver como o racismo acontece com tanta naturalidade, como por exemplo começando na TV, quando criança me pegava assistindo Xuxa e Eliana, ambas grandes apresentadoras, mas me questionava: "Por que não tem uma moça da minha cor cantando e animando crianças? Por que não tem? "

Nas músicas também, enraizadas de preconceito, como por exemplo a tal da "Nega do cabelo duro", aliás já presenciei muito no meu tempo de escola, meninos zombando com essa música. Até dentro da minha família já ouvi muito expressões racistas, inclusive, desde criança eu sempre via que minhas primas brancas/ ou melhor dizendo loiras, sempre eram mais paparicadas, e eu sempre aquela de lado, a menos esperta como eles diziam, enfim, hoje eu sou a primeira da família a fazer uma faculdade, o que tem incomodado bastante também. Sempre ouvi das pessoas que eu sou morena, mas morena como assim? Minhas gengivas são escuras (Traço super afrodescente e ponto), só por que tenho uma tonalidade mais clara? HAHA que piada, quando eu tomo sol, fico com uma cor super bronzeada, é como se eu ganhasse mais brilho, como moro e sou nascida na cidade de São Paulo, é normal que as pessoas ganham uma certa clariada, devido o sol fraco e o uso de roupa mais longas. Mas ok, isso é um ponto do racismo, pessoas que nos tentam ENBRANQUE-

CER , sempre nos chamando de morenos ou pardos, cresci ouvindo muito isso, aliás dentro da minha família mesmo. Por ironia do destino, meus pais são brancos, mas a minha avó materna é negra, na qual eu puxei. E toda criança negra sabe e tenho quase 99% de certeza que quando rolava uma tal lista das meninas/meninos mais bonitos da sala sempre erámos os últimos, ou muitas vezes nem apareciam nossos nomes.

E para variar, fui vítima de Bullying por durante 2 anos seguidos, na época eu não podia passar na rua em que eu morava, me apelidaram de dragão e me zombavam muito, me lembro também de algumas amigas reclamarem da minha presença, quando só estavam elas, não aparecia ninguém para fazer piadas, pois era só eu chegar. Isso me magoava muito, pois eu também não tinha ninguém para me defender. E só fui contar essa história para minha família depois dos meus 18 anos, eu morria de vergonha, minha mãe ficou muito magoada, surpresa e muito indignada. No meu primeiro emprego quando eu tinha apenas 16 anos, passei por mais uma experiência dolorosa, na qual eu não imaginava que sendo tão nova eu poderia ter que enfrentar. Eu trabalhava em um salão de beleza conceituado num bairro nobre daqui de SP, eu e mais uma garota erámos responsáveis por esterilizar os alicates e mais equipamentos de trabalho do salão. Porém, roubaram um alicate, eu e a outra menina tínhamos o mesmo tempo de empresa, que era uns 3 messes no máximo. Ela é branca, mas apontaram o dedo logo de cara para mim, embora não tenha sido ela também que tinha roubado, pois no final das contas descobriram quem foi a outra funcionária. Mas eu fui julgada logo de cara, e antes de descobrirem a pessoa, tive que ouvir diversas piadas, onde eu ficava calada e apenas e ouvia: "Vou guardar minha marmita, vai que rouba também.", "Eita, deixa eu guardar esse esmalte, já tem gente de olho."

Essa foi mais uma das feridas para minha alma, porém, veio mais coisas, eu também já fui distratada em lojas, mais de 1 vez, porém em uma certa ocasião, numa livraria num Shopping , lembro que fui no balcão pedir ajuda para procurar um DVD, e ninguém parava para me atender, um funcionário do caixa e que também era negro, ficou revoltado com a situação, saiu do caixa e foi super gentil comigo, me pediu desculpa pela "imparcialidade do funcionários" e disse que iria comunicar ao gerente.

Outro ponto do racismo, geralmente é a nossa solidão em relacionamentos amorosos, quando a Beyoncé lançou Formation no SuperBowl, eu parei para refletir minha trajetória e parei para ver esse ponto. Ao longo dessa caminhada já ouvi de tudo vindo dos homens, como por exemplo: "Faça progressiva, alisa esse cabelo você fica linda, com outra cara." "Deixa de usar essa roupa, compre e use tal marca, tal sapato, assim você ficará estilosa e gata." "Faça academia, você ficará mais atraente" "Você cursa psicologia? Nem vai ganhar dinheiro, tem que estudar engenharia como eu, aí sim você poderá ter o que quer." "Só fico com meninas no máximo da sua cor, mais escura que isso, não me interessa mais." "Só vou correr atrás de você no dia que você estiver rica e bem sucedida" "Pinta o cabelo de loiro ou faça luzes." "Isso que você lê, ouve e assiste não é legal, tem que ser como eu, aí você vai estar em outro patamar." E para variar já fui traída e trocada, sempre com meninas brancas, e na sua maioria LOIRAS.

Sempre me questionei, qual é a dificuldade das pessoas aceitarem e gostarem da gente da maneira que nós somos verdadeiramente? Somos tão iguais, mas alguns fingem que não sabem disso. Na faculdade recentemente me deparei com outra situação racista, onde um rapaz me disse: "Cabelo afro é ruim, se não fosse, você não faria chapinha no seu." Confesso que sou muito fã da Beyoncé, desde criança eu já gostava dela no Destiny's Child, e eu brincava dizendo, "eu sou aquela do meio" hehe, depois da música Formation e do fabuloso álbum Lemonade, tomei coragem em compartilhar tudo isso na página Senti na Pele, recebi muitas mensagens carinhosas, na qual eu não esperava a repurcusão, fiquei muito feliz e surpresa, afinal nesse dia resolvi jogar a "limonada da minha vida pela janela a fora" e dar uma resposta àqueles que pensaram que eu iria permanecer calada. Eu fui me dar conta do racismo na minha vida muito tarde, até por que fui vitíma do colorismo também, sempre me vi sozinha no meio das minhas amigas brancas, sempre recebi os salários mais baixos, sempre fui "deixada" pelos homens por outras mulheres brancas, sempre me inferiorizaram as minhas escolhas, julgando meus gostos, comigo nada tá bom, mas essa realidade mudou, e hoje me orgulho por não ter dado voz a esses racistas medíocres, pois agora a "nega aqui tá mais forte e confiante entrando em FORMAÇÃO." Finalizo com as mesmas palavras do texto que está na Fanpage: Apesar de tudo que já ouvi e vivi, só queria dizer aos racistas que passaram pela minha vida, que eu estou de pé, de cabeça erguida, me sinto linda, tenho orgulho da minha cor, da minha mistura negra/indígena, das minhas gengivas escuras, dos meus cachos, das minhas pernas grossas e que eu não vou mudar quem eu sou e esconder minhas raízes, Deus me fez assim e sou grata a Ele, por ter me feito da mesma cor de Nossa Senhora Maria Aparecida e do Rei Jesus de Nazaré". (Jesus não era loiro de olhos azuis, aceitem).

DANIEL BRUNET, 33 anos, jornalista

A história aconteceu há uns dois meses. Um dos meus irmãos estava de passagem pelo Rio e se hospedou por uns dias num apart-hotel na Barra da Tijuca, Zona Oeste da cidade. Numa noite de quarta, depois de trabalhar até às 22h, lá fui eu encontrá-lo.

Não tinha muito tempo a perder, então fui direto do jornal. Estava vestido como normalmente me visto para ir trabalhar. Sapatos, calça e camisa social de manga comprida dobrada à altura dos cotovelos. Estava, digamos, arrumadinho e levava uma mochila às costas.

Cheguei ao portão do prédio pouco antes das 23h, na agradável orla da Barra da Tijuca (a foto acima mostra a inspiradora vista da varanda).

– Boa noite!

– Boa noite! Queria falar com o Marcos, apartamento 31. Meu nome é Daniel.

A voz era do vigilante que estava numa guarita, toda fechada, bem ao lado do portão de pedestres. Ele demorou uns segundinhos e voltou a falar pelo interfone, num tom mais solto:

– Mas aí ... é o quê? É entrega?

Respondi na boa. É recorrente um rapaz de pele escura ir lá fazer entregas. E ser confundido com um outro tipo de trabalhador não é nada demais.

Mas havia ali outra questão. Era uma pequena amostra de como o preconceito racial é enraizado por aqui e como abraça ricos e pobres.

O episódio não me causou qualquer dano, mas fiquei pensando: nessa sociedade, o preto pobre sofre coisa bem pior e ... sofre todos os dias!

TUCA, 18 anos, estudante de Serviço Social

Sofro racismo desde antes mesmo de nascer. Quando minha mãe (branca), descobriu que estava esperando uma filha do meu pai (negro) e contou para a vizinha, a mesma disse que eu seria muito feia, porque filho de negro com branco nasce sarará, e sarará é feio.

Quando nasci, meu avô proibiu minha mãe de deixar que meu pai me registrasse, porque o meu pai é negro, pobre e analfabeto. Cresci ouvindo deste mesmo avô a seguinte frase: "Não gosto de negros, mas gosto de você porque você tem sangue de branco". Como era pequena, eu não entendia, e o olhava achando engraçado. Passei quase a minha adolescência toda usando o meu cabelo preso, pois fui ensinada por essa sociedade racista a odiá-lo, a almejar ter um cabelo liso. Graças a ajuda de uma amiga, que me ensinou a me empoderar é que resolvi assumir meu cabelo. Geralmente quando saio com ele solto, sempre ouço piadas e pessoas zombando de mim, e isso também ocorre quando uso turbante. Uma vez na rua da minha casa um homem começou a rir do meu turbante, e me chamar de Africana, como se ser africana fosse algo ruim. Nessa mesma semana estava no ônibus, e as pessoas passavam por mim, olhavam pro meu rosto, pro meu turbante, e procuravam outro lugar para se sentar. Chegou ao ponto de um rapaz olhar pro assento ao meu lado, e ir mais para frente ficar em pé. Quando a pessoa que estava na sua frente sentada levantou para descer, ele foi lá e sentou. Chorei muito nesse dia.

Depois de tudo o que passei, as pessoas ainda me perguntam porque faço parte do movimento negro. Quero um mundo melhor para mim, para os meus irmãos e irmãs negras, e para a nova geração que está vindo. Enquanto houver racismo, continuaremos lutando e resistindo.

MARISA, 37 anos, antropóloga.

Esta aconteceu hoje, na hora do almoço, no Centro do Rio.

Em meio às compras paro pra almoçar.

Pego minha comida, peso e sento. Mentalizo uma água tônica bem gelada. Espero vir algum garçom perguntar o que quero beber...

Passa algum tempo e não aparece ninguém. "Bem, deve ser

porque está cheio" penso com meus botões. A mesa atrás de mim fica vaga e logo três pessoas ocupam. Imediatamente aparece uma garçonete perguntando se queriam beber algo.

Aceno para a garçonete e ela passa, como se eu fosse invisível. Em seu retorno abano a comanda em sua cara. Ela olha pra mim e responde um "já venho". " Ok" contemporizo "não custa esperar ela entregar a bebida". Ela vem até a mim e peço a tão desejada água tônica e um copo com bastante gelo.

O pedido não demora a vir. A água tônica linda e um copo de plástico cheio de gelo. Olho para os copos das pessoas que compartilham a mesa comigo: vidro. Para as pessoas da mesa à frente: vidro. Para a mesa de trás: vidro. Para as mesas ao lado: vidro. Tentei ver se havia diferença da bebida. O senhor ao lado bebia guaraná natural no copo de vidro.

Chamo a garçonete. Mais uma vez sou invisível. Começo a balançar meu copo até chamar a atenção dela. Várias pessoas olham pra mim. Ela finalmente me olha. "Só tem copo de plástico?" pergunto. Ela fecha a cara. "Não tem copo limpo" ela responde. Olhei para os lados. Não havia absolutamente mais ninguém com copo de plástico. "Pois eu vou esperar você lavar um".

Voltei a comer. Pergunta martelando o cérebro e que compartilho com vocês: Será que é racismo?

O copo veio depois de algum tempo. De má vontade virei o gelo nele, bebi, mas água tônica não desceu como eu esperava.

Tamillys Lirio, 26 anos, Psicóloga
Lebron Victor, 29 anos, Empresário

Estávamos eu e meu noivo no Subway. Moramos em Campos dos Goytacazes, uma cidade do interior do RJ, grande produtora de açúcar que, no século XVIII, chegou a ter uma média de 10 homens negros escravizados para cada homem livre. Temos cabelos crespos bem grandes, tanto eu quanto ele, e nessa época há 2 anos atrás éramos raridade na cidade. Não esqueço de cada detalhe desse dia, de cada sensação.

Pedi o lanche e ele se sentou de frente para o balcão, eu que estava de costas, com uma enxaqueca de matar, demorei a perceber o que estava acontecendo.

Um grupo formado por uma mulher (mãe), um menino pequeno e duas meninas adolescentes (uns 12 anos), se sentou atrás de mim, de frente para o Lebron. O lanche chegou e ele não comeu nem metade. Foi aí que percebi que o menino, de uns 6 anos de idade, falava algo às minhas costas enquanto as meninas riam e a mãe murmurava alguma coisa repreendendo. Fiquei chocada, olhei para o meu noivo e perguntei: O que foi?

Ele respondeu, mexendo com a cabeça: 'O menino tá me chamando de macaco, fazendo gestos imitando um macaco'.

Me virei e vi as meninas rindo compulsivamente, o menino debochado de pé me encarava, comecei a olhar de volta e pensava: Gente, é uma criança, eu NÃO ESTOU ACREDITANDO!

Olhei para a mãe que repreendia o menino, mas ao mesmo tempo ria e para as meninas debochadas que nessa hora ficaram temerosas, pois eu comecei a olhar.

Me levantei e confesso que trêmula, falei para a mãe: 'Você deveria ter VERGONHA e ensinar ao seu filho a conviver com as diferenças'.

Saímos atônitos.

Faltaram palavras. Estava tão descrente que isso veio de uma criança. Como podia, gente?

Podia, pode e acontece. Muitas vezes, como nesse caso, com o aval dos pais e parentes! Logo pensei nesse menino na escola, fazendo a mesma coisa com crianças da idade dele, pois se nós adultos estávamos desnorteados com essa agressão, imagina um menino ou menina novinhos?

Somos militantes, temos uma ONG que trabalha com Cultura Urbana e mesmo assim ficamos sem chão.

Racismo existe, mata e fere e é rapidamente associado pelas crianças mais pequenas, naturalizado ao longo da vida através de piadas dolorosas, atitudes segregadoras e causa transtornos na autoestima das pessoas negras, que muitas vezes são irreversíveis.

O episódio serviu para nos fortalecer no nosso ativismo, para compreender melhor a forma estrutural do racismo e para dar um recado para o mundo: Ensinem aos seus filhos, desde a mais tenra idade, a respeitar os diferentes, na escola, na rua em qualquer lugar! Racismo é crime, assim como roubar uma carteira, assim como ferir uma pessoa, machuca a saúde física e mental, não permita que seu filho seja um propagador de algo tão perverso!

DUDU DE OLIVEIRA, 31 anos, ator

Posso dizer que senti na pele desde pequeno quando tinha uma arma cravada na cabeça. Teve um episódio de quando eu tinha 5 anos onde eu perguntava a minha mãe porque a cor da minha pele era essa, sentia que tudo ao redor me oprimia, que apesar de estudar em colégio particular, não me via inserido naquele lugar. Não tinha um tipo de educação certa para que as crianças negras crescessem empoderadas na minha época. É bem claro que havia um problema na nossa estrutura. Imagina para uma criança negra ir para aula e olhar para o lado e só ver ela e mais três outras negras, sendo que dessas três uma delas tinha a pele mais clara, cabelo mais fino e não se identificava como negra?! Era bizarro. Confesso que até eu enxergava ela branca. Cansei de sofrer bullyng. Era normal eles chamarem a gente de termos pejorativos como: chocolate, macaco, mulato, café, tição, buio, mussum, cabelo duro. Cresci com medo de ser negro, confesso. Tive medo de não ser ninguém, um pessimismo me assolava, mesmo sendo filho de negros, meus pais conversavam muito comigo que tudo seria mais difícil para mim, se eu quisesse conquistar meus objetivos eu tinha que ralar 2x mais. Quando era moleque via a minha mãe, tias, avó, de cabelo alisado, isso era muito latente que a sociedade as oprimia, então o cabelo liso fazia com que elas se sentissem aceitas. Mas mesmo assim tenho orgulho da minha família, tive muita referência sobre a minha ancestralidade, avó negra benzedeira e umbandista. Ganhei muito axé porque a preta tinha um poder lindo. Era engraçado que eu ouvia as pessoas da rua chamando a gente " Os Negros do Bambu ", mas não saiam lá da casa dela para ser benzidos.

Na minha adolescência posso dizer que sofri mais, porque queria namorar, mas eu como homem negro não fui ensinado a gostar de mulher negra. O pagode, o funk, tv e cinema sempre vendia que a mulher branca era a mais linda, então era só as que eu queria e não conseguia. Vivia chorando para meus pais, que eu me sentia feio, porque meu cabelo era duro, meu olho não era claro. Quando você mora em lugar pequeno e todas as pessoas te conhecem, se você der um peido as pessoas ouvem (risos). Na minha ignorância, achei que eu alisando cabelo, usando lente verde me sentiria aceito na sociedade. Enfim, isso é tão pequeno do que eu via na minha realidade. Na minha família era conflitante: pretos, pobres e crescendo pela rua, nem todos tiveram a mesma oportunidade como eu de ter uma boa educação de escolas, cursos particulares, tendo a oportunidade de expandir a minha forma de olhar o mundo. Meus primos e tios, se tornaram traficantes, não tiverem a mesma chance, então é muito triste você ver sua família ser dissipada pelo genocídio negro. Como você não crescer revoltado e não querer seguir o mesmo caminho depois de ver seu pai sendo assassinado nessa encruzilhada da vida? Perdeu a vida tão jovem por pessoas próximas a minha família. É muito louco você ver como funciona essa caminhada. Tive que subverter a ordem, levantar a minha cabeça, seguir vivão e vivendo. Me tornar Bacharel em Administração de empresas contrariando as estatísticas, mas seguir um caminho totalmente diferente, aonde o espaço da fala iria aumentar. Um amigo me convidou para um grupo de teatro que ele ia montar. Ali foi a base que precisava para ganhar o mundo, me tornar artista não pela fama, sucesso, mas de expandir o espaço de fala que estava vetado desde que eu era negro pobre, que só era aquele negrinho do Bambu. Muito doido você ver a hipocrisia da sociedade, como as mesmas pessoas te tratam depois que você mete a cara na tela, quando se sai no jornal e nas revistas e não é notícia de mais um negro que morre ou preso. Pelo contrário, sempre fui tratado como popstar, aliás, esse era um dos meus apelidos na faculdade. Sempre me senti "diferentão" da galera, não só por ser negro, mas em querer algo melhor para os meus e para mim. Ter a chance de contar novas histórias através da minha arte. Uma das coisas que minha mãe me ensinou foi: mantenha a cabeça em pé. Se estiver errado, peça desculpas.

Creio eu que aprendi essa lição. Morar numa cidade maior aumentou a minha zona periférica, me deu oportunidade de acessar alguns livros, filmes, artigos e pessoas. Em 2015 fiz parte do polêmico grupo de negros que iriam replicar o zoológico humano exibido no século 19 pelos colonos Europeus, trazido para o Brasil por um diretor Sul Africano, mas o espetáculo foi vetado antes de acontecer. Ali tive contato com muitos negros com os mesmos ideais, mas quando um vindo de um canto do Brasil com vivência diferente. Alguns foram e outros permaneceram para que tivéssemos a oportunidade de fazer história com o espetáculo e o grupo com o mesmo nome "Em Legitima Defesa". Nos apresentamos no Teatro Municipal de São Paulo no MIT desse ano para 1200 pessoas, contendo apenas 14 expectadores negros na plateia. Tinha uma parte que contávamos quantos negros tinham. Saímos nas maiores mídias e jornais. Para ter noção do impacto, nosso nome foi para Forbes. Louco, né? Agora quando vem me falar de vitimismo, mimimi, vão ouvir. A partir daquele dia já não era só aquele preto que saiu da Baixada Fluminense no Rio. Muito bom quebrar os paradigmas, e dizer "eu posso"! Demorei 12 anos para ver qual era a minha real missão dentro de uma sociedade preconceituosa, onde 53% de negros jaz aqui. Sou negro, artista, subvertendo a ordem, e através da internet deixo a minha assinatura, que assim como a minha família que teve todo esse carma, espero que outros negros possam enxergar novos caminhos e seguir seus sonhos. Vão dizer que é difícil, mas não é impossível, porque impossível não existe. É só questão de opinião. E aqui vou seguindo contando história e fazendo poesia da alma negra.

"Você é mulher.
Só que não é branco
e sim Preto."

NÃO É BRINCADEIRA

MARÉ MORTA

Quem ouviu os tiros no Complexo da Maré sabe que ali existe uma guerra.

Os números são de uma cidade em guerra. Dezessete pessoas mortas por balas perdidas e setenta e dois policiais feridos por armas de fogo, só em 2017. Mortes e mais mortes.

Guerra entre traficantes. Guerra entre policiais e traficantes. População no meio. Tiros, tiros, tiros, bombas...

Uma guerra que começa fora da favela. Começa nas fronteiras por onde entram drogas e armamentos. Se espalha pelo país com a conivência de pessoas do Estado. Chega até as favelas, onde não há laboratórios de drogas ilícitas ou fábricas de armas. Chega com os olhos fechados da polícia, dos governantes. Chegam armas e drogas onde não chega educação, emprego, saneamento, lazer. Chega pra preencher o espaço que o governo e a sociedade desprezaram. Chega por que ali, antes, existia um vazio. Um vazio que foi preenchido pelo poder paralelo. Para muitos, o único poder que conheceram. O único que pagou o remédio da criança que estava doente, o gás que faltou pra fazer comida, o brinquedo que a criança não ganharia no natal, a carne que faltava na panela. Foi se instalando a medida que o povo crescia, mas não tinha a quem se agarrar, recorrer. Os limites da favela eram os limites da vida de muitos ali. Quem vinha de fora era "alemão", inimigo. Do Estado só conheciam aqueles que entravam atirando, que acabavam com suas festas, que matavam seus parentes e amigos, que extorquia dinheiro. O vício de um órgão acabou por viciar todo o sistema. Um lado passou a odiar o outro. Justamente aqueles que deveriam se adorar, pois um nasceu para proteger o outro. Não. Não funcionou assim por essas bandas.

O tal do tráfico ficou mais lucrativo do que nunca. Se é difícil comprar, fica mais caro. Cada vez mais gente queria comprar. Mais caro. Mais lucro. Os produtos que dizem ser proibidos, mas que rico gosta. Quem tem mais pontos de venda, mais dinheiro ganha. Um dinheiro que nem sabem como usufruir. Fora dali, daquele espaço, o dinheiro segue valendo, mas suas vidas não. Morrem, vão presos, perdem o poder. Só vale naquele perímetro. Mas foi assim que aprenderam.

"A vida é aqui. A vida é curta. A vida é louca e injusta. E tem um monte de gente querendo que minha vida acabe".

É assim.

No meio disso também se vão alguns que nem chegaram a entrar na vida do crime. Gente que nunca entraria, aliás, mas que também era refém daquele espaço, refém da guerra que é patrocinada por gente que eles nem sabem que existem. São os sem rosto. Sem nome. Com seus jatinhos e helicópteros recheados de cocaína, suas fazendas com pistas de pouso e rotas "secretas". Gente que enriquece sem que saibam como. "É latifundiário", dizem uns. "É deputado", dizem outros. "Herdou da família", especulam alguns. Tudo verdade. Mas apenas uma parte da verdade.

Os tiros que mataram Fernanda, de 7 anos, na Maré, também saíram das mãos dessas pessoas sem nome, sem rosto, que o Estado protege. As armas vieram com patrocínio e conivência deles. As drogas também. Porém dormem com tranquilidade. São "homens de bem". Exemplos da nação. Probos.

Os tiros que atingiram Fernanda na laje de sua casa enquanto seus pais preparavam o jantar vieram não só da guerra entre facções rivais. Estes apertaram o gatilho. Mas a morte veio acompanhada de negligências. Do Estado, que esquece aquele lugar. Lugar que tem UPP desde maio de 2015. E a guerra que continua? E os números negativos que prosseguem? E o total descaso? E a propina? E o arrego? Negligência minha que estou dentro do meu apartamento escrevendo no Facebook e não consegui fazer nada. Negligência nossa, que permanecemos colocando as mesmas caras no poder, mesmo sabendo que são eles que permitem que tudo isso aconteça. Trocamos voto por asfalto na nossa rua. Trocamos voto por churrasco, caixa de cerveja... Tudo porque somos miseráveis. O mínimo que nos oferecem já nos parece agradável. É a fuga do inferno. O desejo de não ser mais quem é. De não viver mais o que se vê sóbrio. O desejo do entorpecimento: de drogas, de álcool, de festa, de novela...tudo que possa nos tirar um pouco da realidade. Assim conseguimos nos manter minimamente sãos.

Uma guerra que já nasceu perdida.

A vida perdida de Fernanda deveria desencadear uma mudança drástica. Nada acontecerá, pois quem detém o poder para qualquer ação, é quem mais tem interesse que essa guerra prossiga. Ela gera lucro.

E o lucro é a base da nossa sociedade, não é mesmo?

Vidas que nada valem. Mortes que mantém a roda da fortuna girando.

Ernesto Xavier

ISADORA, 24 anos, Cientista Política

Quando comecei a pensar no que eu escreveria, fiquei tentando elencar qual seria a história mais representativa dos meus 24 anos sendo negra, morando na zona sul e frequentando tantos espaços de classe média-alta. Mas, eventualmente, fiquei pensando no quão louco é gastar mais tempo escolhendo minha história do que a escrevendo. Então decidi pelo dia em que, pela primeira vez, tomei alguma atitude – ainda que silenciosa.

Eu já estava namorando há uns 3 anos com um rapaz da minha faculdade e um dia fomos à casa da namorada de um amigo dele. Todos os três eram brancos. Passamos um tempo comendo e brincando com jogos de tabuleiro. A irmã da dona da casa não estava, mas uma amiga dela chegou e a ficou esperando. Como elas dividiam o quarto, a menina – que era negra – entrou no quarto para esperar e viu o relógio do amigo do meu namorado. Ela foi até a sala e perguntou "Fulano (dono do relógio), esse relógio é seu? Muito bonito!" O rapaz respondeu que sim e, logo depois sua namorada – que, em tese, tinha uma relação de amizade com a menina – disse "Cuidado ein, Fulano. Acho melhor você pegar seu relógio, porque sabe como é preto." No minuto em que ela falou isso, senti meu corpo gelar. O rapaz que eu namorava olhou para o meu rosto meio de canto de olho e o amigo dele mal conseguiu levantar a cabeça. A menina negra ficou tão constrangida que riu e voltou em silêncio para dentro do quarto, enquanto a que tinha feito o comentário estava achando tudo muito engraçado e corriqueiro. Me lembro de sentir frio, calor, nervoso, meu coração batia na minha garganta e a minha primeira reação adversa foi não rir. É tão engraçado como isso me marcou tanto, porque foi a primeira vez que eu consegui não me render ao constrangimento e conscientemente não esbocei nenhuma reação de aceitação daquela situação. Se passou algum tempo, não lembro se muito ou se pouco e eu pedi para ir embora, pois estava me sentindo um pouco mal; talvez tivesse sido a pizza. Fui embora e nem me lembro se comentei qualquer coisa no caminho de volta para casa, mas me lembro que chorei muito.

Já não namoro aquele rapaz, já não vejo há anos aquele casal (que nem casal é mais), mas esse dia ficou na minha memória com dois sentimentos bem distintos e muito fortes. Por anos me senti envergonhada de não ter me imposto, de não ter questionado aquele comentário racista e humilhante, de ter ficado calada com a cara mais pálida que tive e depois ter "fugido" sem ter amparado uma companheira. Mas hoje, tento deixar a culpa um pouco de lado e enxergar a coragem que eu tive de, ainda que não tenha falado nada, não deixar que meu constrangimento e falta de jeito para lidar com aquilo, me fizesse rir daquele comentário.

É isso que o racismo faz com a gente: abafa nossa voz, encolhe nossa alma, faz você se sentir uma pessoa minúscula e faz doer cada célula do corpo.

IZAK DAHORA, ator

Sofri racismo em vários momentos da minha vida. Costumo dizer, inclusive, que quantificar as vezes em que um indivíduo negro sofre discriminação no Brasil é tarefa quase vã, porque muitas vezes sofremos e nem percebemos. Mas a experiência mais marcante que vivi neste sentido creio que se deu na infância, quando eu devia ter meus sete, oito anos de idade, no Colégio São Gonçalo. Eu estudei até a faculdade em instituições particulares e senti sempre a solidão de frequentemente ser o único aluno negro da turma. A escola foi sempre um espaço muito importante para mim pois sou filho único (o que já é carregar naturalmente uma solitude e uma especial necessidade do outro), então era no espaço da escola em que considerável parte da minha vida social e afetiva se dava e da qual se nutria. O que aconteceu foi que um colega de classe, "T.", vivia me chamando de apelidos pejorativos relacionados à cor ("carvão", "macaco" etc).

(Apelido é algo ambíguo porque muitas vezes depende do tom com que se chama: o motorista do ônibus da escola, por exemplo, "M", me chamava de "Pelezinho", codinome no qual eu percebia afeto mas mesmo assim não gostava porque observava, já muito cedo, que só eu tinha apelido porque era o negro da turma, isto é, o "diferente". A distinção era, portanto, quanto à diferença de cor. Aliás, esse é um dos traços históricos e socioculturais do Brasil: a não identificação à figura e aos feitos do negro (e do indígena); o tratamento ao diferente da imagem do poder como algo e ser inferior ou exótico; em ambos os casos resultando em um (pseudo)destacamento que é, no fim das contas, uma forma de invisibilização. É, mal comparando, como fazem piadisticamente com os nordestinos e com os japoneses: supõem-se que por terem um sotaque diverso (nordestinos) e por serem amarelos (japoneses) são todos iguais. Isto sempre me chateou muito: durante a infância fui chamado por nomes de alguns negros famosos (como o notório Pelé) sem efetivamente parecer com eles na fisionomia, mas simplesmente por ser negro. Quer dizer, um processo de redução da figura individual do negro, por vezes ingênuo mas igualmente danoso, que o enxerga apenas na massa objetificada a envolver todos os negros, bem como se fazia com os escravos).

Fecho a digressão e volto ao "T". Aqueles insultos sádicos e cujos nomes não poderiam mesmo ser feitos com qualquer tipo de afeto, praticados normalmente na chegada à escola, no recreio e na saída, me incomodavam bastante, me sentia perseguido – e ele fazia questão que assim eu me sentisse, surgia do nada, próximo aos meus ouvidos, xingando, rindo, incitando os demais colegas. Nunca tive o perfil de briga, em nenhum lugar, mas num determinado dia, aquelas agressões me tiraram do controle tão completamente que meus dedos da mão direita cerraram e atravessaram o ar na direção dele. (É impressionante como eu lembro disso que aconteceu há tantos anos!) Acertei seu nariz e, felizmente, só não houve fratura porque, por instinto, "T" reagiu lançando seu corpo para trás. Mas sangrou, muito. Ainda guardo a imagem dele caído junto à grade que protegia uma árvore e eu, de pé, sem acreditar que causara aquilo. O pátio da escola voltou-se para nós, e foi aquela coisa: umas crianças espantadas, outras indo chamar os inspetores, várias torcendo para a "briga" continuar. Fomos parar na coordenação, claro.

Meus pais foram chamados a comparecer na escola e os dele, também. Embora conscientes dos insultos que sofri, meus pais não foram lá para advogar em minha defesa, apenas. Queriam buscar uma solução para aquele real e sério problema de convívio. O que mais nos surpreendeu foi a postura da mãe de "T", uma senhora alta, loira, muito educada, de voz baixa. Ela era psicóloga, mais tarde fui saber. Reprovou de forma contundente a atitude do filho. Pediu-nos desculpa e quis reparar aquela situação com muita elegância e diálogo. É emocionante lembrar deste episódio porque "T" (com a orientação da sua mãe) e eu nos tornamos sinceros amigos depois daquilo. Houve o racismo mas aqui penso que se deve notar o seguinte: nós vivemos em um país cuja história é marcada por desigüldades, discriminações e segregações sistemáticas. A criança criada em um meio predominantemente branco não sabe que existem outras cores ou outras culturas, e quando percebe a diferença, discrimina o outro, muitas vezes reproduzindo a postura dos seus pais. O que demonstra para mim de uma forma muito clara que a ignorância (junto à percepção e ao medo da diferença) constituem-se como faces determinantes do preconceito, seja ele qual for.

Nessa história eu destaco a participação de duas figuras muito importantes na minha vida: a coordenadora Eli Tavares Ribeiro e a diretora Jurema da Silva, respectivamente mulheres branca e negra, que ajudaram a me mostrar a um só tempo que cada etnia ou cor tem seu valor e que o amor nos une a todos, acima de qualquer diferença. Após aquele episódio, a coordenação, que já me tratava bem, assumiu tácita e explicitamente uma responsabilidade de intensificar a luta contra o racismo na escola.

Minha veia artística já se pronunciava, eu gostava de ler em voz alta nas aulas de português, era o "representante" de turma, negociava o futebol no recreio com a coordenação etc. O que a "tia" Eli fez? Nas festividades, cerimônias e práticas da escola, nas quais havia o destacamento dos alunos, como na hora de hastear a bandeira antes de entrarmos em sala de aula, ela sempre me chamava para participar. Na verdade, vejo que ela, através de mim, queria naturalizar a figura do negro na escola, torná-la habitual, igual. E a diretora Jurema, firme mulher negra, uma das principais responsáveis pela administração daquele grande e tradicional colégio da cidade (São Gonçalo), do "Gonçalão" (a sede da instituição) fez o que pôde para superarmos aquele momento de discriminação, de modo que pude passar por aquilo sem maiores traumas, creio.

"Tia Eli" e a professora Jurema são muito importantes na minha vida. Agiram de forma construtiva em uma fase importante da trajetória de qualquer indivíduo: aquela quando o sujeito ainda forma as suas primeiras memórias, que serão decisivas nas suas escolhas, na construção da sua estrutura emocional etc.

Há mais de vinte anos não as vejo. Gostaria muito de poder reencontrá-las e lhes dar um abraço forte e agradecido pela semente de amor e de autoconfiança que elas plantaram no meu coração. Aquilo foi importante até para os momentos difíceis em que o tema do preconceito retorna hoje na minha vida e eu preciso encará-los. O negro foi muito diminuído ao longa da nossa História: escravizado, era entendido como ser destituído de alma, de sentimento, era tratado como praticamente um reles objeto. Essa carga histórica tem o poder de ficar no imaginário coletivo, infelizmente, por isso a importância do estímulo e da valorização da autoestima, dos próprios caracteres, dos próprios valores. E a infância é um período fundamental para a (re)construção histórica disso. Graças a Deus tive a família que tenho e pessoas como a "Tia" Eli e a professora Jurema sempre me colocando para frente, me fazendo enxergar a beleza de ser negro.

Sinto que a consciência da existência do preconceito produz em mim uma enorme e permanente vontade de lutar. Às vezes doi, e muito, mas é importante seguir lutando, trabalhando, não dá para ficar muito tempo parado, lamentando nem mesmo aos prantos. A luta contra o racismo está aí e a vida é curta. Quantas conquistas nos vieram de gerações que não puderam experimentá-las? Então, temos que seguir. E nessa luta tenho uma dupla convicção: da importância do "combate" direto às manifestações de preconceito, através da construção de conscientização e de dispositivos jurídicos contra o racismo (da Lei Afonso Arinos até às atuais punições a práticas racistas em redes sociais), por exemplo; e do valor que é o negro simplesmente participar dos diversos segmentos da sociedade, independente mesmo da discussão racial, pois creio que se ele estiver em todos os lugares, em condições dignas, iguais e transformadoras, dando testemunho das suas inúmeras possibilidades humanas, assim como qualquer ser indivíduo, isso agirá na progressiva naturalização e humanização da sua figura dentro de um imaginário histórico e coletivo tão preconceituoso.

Precisamos cada vez mais dar a voz e a visibilidade da humanidade do ser negro em todos os seus campos e possibilidades de ação e intervenção social: como escritores, funcionários públicos, garis, juízes, motoristas, médicos, atletas, contínuos, atores, modelos, comerciantes, poetas, professores, empregados domésticos, diretores de empresas, cineastas, engenheiros, empresários, advogados... seres humanos tão potentes quanto os outros, enaltecidos não como instrumento de vaidade mas de construção de novos paradigmas para uma sociedade que, de modo geral, relegou tradicionalmente o negro à invisibilidade e a um lugar de uma forjada inferioridade humana (de passividade, indolência, não criação).

Há algo sobre a minha condição de cidadão negro que considero particular. O fato de ser artista – e desde muito cedo – faz com que o preconceito de cor e etnia, que no Brasil é muitas vezes velado, seja ainda mais maquiado pela condição de pessoa pública. Normalmente o artista (assim como o atleta, e mais emblematicamente o jogador de futebol) é tratado – dentro e fora do meio profissional - como ser "diferente", "especial", o que "atenuaria" e "resolveria", digamos assim, o índice da cor discriminada diante do olhar racista. Uma hipocrisia e uma dificuldade que contribui para escancarar, para mim, a complexidade de se refletir e sentir o racismo no Brasil, do que penso sobre como o preconceito seria menos sutil, menos disfarçado e menos tramado se não fosse a condição pessoal artista. Penso que isso está contido no que menciono no início do depoimento sobre as muitas vezes em que nem conseguimos precisar as manifestações racistas que se dirigem contra nós. Acredito que meus colegas artistas devem entender isso bastante bem.

FRANCISCO, 29 anos, professor

"Uma cerveja racista"

As vezes o racismo consegue ser tão subjetivo, que se torna difícil de identificar até por quem está sofrendo.

Esse tipo de racismo está em detalhes muito pequenos, na troca de olhares, por exemplo. Sabe aquele olhar de cima pra baixo, tipo raio-x, com carinho meio que de nojo de nojo ou desdém? Pois é, esse mesmo, que se você é negro já deve ter entendido do que estou falando.

Depois quase um ano evitando contato com alguns grupos de pessoas, resolvi aceitar, nesse último final de semana, um convite de aniversário de um amigo a quem tenho muito carinho, uma pessoa realmente excepcional.

A festa aconteceu num barzinho com karaokê, um lugar super bacana, a sala que havia sido reservada pra comemoração do aniversário do meu amigo, tinha três grupos de pessoas diferentes, nós, e mais dois grupos de pessoas que suponho ser de alguma confraternização de empresa.

Cheguei atrasado na festa, comprimentei o aniversariante, brinquei com alguns, apenas não brinquei com aqueles que eu não conhecia, mas ainda assim comprimentei todo mundo por educação mesmo.

Conversa vai, conversa vem, karaokê pra lá, karaokê pra cá, percebi que uma das meninas, convidadas do meu amigo, me olhava exatamente com aquele olhar que descrevi acima, aquele olhar de frieza, misturado com um pouco de desdém, e quando esse olhar acontece, o que se segue a partir dele, vem sempre pra corroborar e confirmar o racismo.

Pois bem, chegou um balde de cerveja na mesa em que estávamos, Brahma pra ser mais exato, todos os que queriam estavam pegando e tomando, afinal, todos estavam naquela mesa, e eu, na minha inocência, achei que podia fazer o mesmo, nessas ocasiões, eu sempre costumo pegar nem que seja uma rodada de cerveja, e como alguém já tinha pago a primeira, e eu pagaria a segunda, pensei que poderia pegar uma cerveja daquele balde, ledo engano.

Eu:

- Gente, estou morrendo de sede, posso pegar um cerveja dessas?

Menina de olhar suspeito:

-Não!

Eu:

- Sério!? É que eu achei que podia pegar, afinal estamos todos aqui na mesma mesa, e a próxima rodada será minha.

Menina de olharzinho racista:

- É, mas essa foi eu que comprei e você não pode pegar!

Tem ideia do quão surreal isso é? Você esta numa mesa de bar com seus amigos, e não poder tomar as cervejas que são servidas naquela mesa, a não ser as cervejas que você mesmo comprar? Pois é.

Percebi que nesse momento que os amigos ficaram meio que sem saber o que fazer, nem o que dizer, então eu me levantei da mesa e pedi um balde de Heineken pra encerrar o assunto.

Quando o balde chegou, eu ofereci pra todo mundo, inclusive pra menina que havia me negado a cerveja dela.

Não sei se por ironia do destino ou falta de dinheiro mesmo, na saída, o cartão de menina não passou, e a situação começou a ficar constrangedora a ponto de eu me oferecer pra pagar a cerveja que ela havia me negado. Parece que o jogo virou não é mesmo?

No final da festa os amigos me chamaram de canto e pediram desculpas pela atitude dela, foram fofos, disseram que ela não sabia que eu estava no mesmo grupo que eles, algo que não é verdade, porque ela me viu chegando e cumprimentando todo mundo, mas eu coloquei panos quentes e disse que estava tudo bem.

Por que estou fazendo esse textão? Pra expor a menina? Embora ela mereça, não! É pra mostrar como a racismo afeta a nossa vida no dia a dia, pois o racismo é exatamente assim, desse jeito, é lidar com situações como esta a vida inteira, em quase todos os momentos, é ser excluído, é não poder participar do convívio social.

Aí eu pergunto pra vocês.

Quem, depois de 20 anos passando por esse tipo de coisa, permanece com seu psicólogo saudável?

PATRICIA DUTRA, 24 anos, Assistente Social da Defensoria Pública do Estado do Paraná

Sobre ser MULHER e NEGRA na Universidade brasileira, relato de uma experiência.

Aí que é a mesa dos cotistas?", gritou a professora, em seguida gargalhou. Os ocupantes da mesma mesa que ela estava riram também. Fazia referência a um rapaz negro e a mim, sentados em uma mesa, numa festa de aniversário em que noventa por cento dos convidados eram professores doutores da Universidade e alunos de graduação e pós-graduação. Nos olhamos, ele me deu um sorriso amarelo, eu baixei o olhar. Não respondemos nada. Antes, veio ela ao meu encontro com tom de voz aumentado dizendo: "Posso pegar no seu cabelo?". Eu não respondi nada. Veio ela pegando em meu cabelo e dizendo: "Não é duro, né? É macio!". "Pega aqui, pra vocês verem", dizia ela aos outros. Eu saí. Depois disso, outras três alunas da Universidade vieram me procurar para relatar situações de racismo e assédio moral, por parte da mesma professora. Bem, eu sou aluna do programa de mestrado de uma universidade pública, funcionária pública e a única pessoa da minha família, sendo mulher, negra, tendo cursado toda a vida escolar no sistema público que chega a este nível de escolaridade e emprego. O mérito não está no nível, mas em estar viva para contar.

Quando os meus pais se separam, eu vi a vida da minha mãe e a minha se transformar graças a educação - que ela abriu mão para se casar e se dedicar ao cuidado da família. Eu a acompanhava nas aulas do supletivo, comia a merenda da escola. Depois a acompanhava nas aulas do curso de enfermagem. Ela sempre me dizia: "Filha, estuda. Você está vendo a nossa vida? Então estuda!". Eu compreendi que a educação era a minha única saída. Foi na Universidade que eu aprendi o que era racismo (machismo, homofobia, violência de gênero...), quais suas formas de expressão e que existia um movimento social negro. Foi um grande aprendizado, mas foi também uma tomada de consciência muito dolorosa. Eu percebi todas as vezes que uma forma de racismo havia acontecido comigo ao longo da minha vida - e com os meus familiares e amigos negros - em casa, na escola, nos cursos, no teatro, na faculdade, no mestrado, no ponto de ônibus, na fila da padaria e em tantos outros lugares, todos justificados como brincadeira - em que apenas os autores acham graça, eu nunca vi graça nenhuma!

Durante algumas situações eu cheguei a pensar que estava no lugar errado, que estava ocupando o espaço errado. Que a Universidade não era pra mim, que o meu lugar era o mesmo das minhas descendentes negras mais próximas, lavar as privadas

das senhoras brancas, quarar as roupas destas e crias seus filhos. Ao entrar no programa de mestrado, de acordo com a ordem de seleção, eu fui contemplada com uma bolsa proveniente de um acordo entre Governo Federal e Governo do Estado. Por conta deste acordo, o valor desta bolsa - são duas neste programa de mestrado - é de trezentos reais a mais em relação às outras bolsas do programa. Bem, aí eu ouvia o seguinte: "A pretinha que veio de fora pegou a maior bolsa do programa? É uma injustiça!". Ora, não se trata de justiça, todos sabem, trata-se apenas de uma situação relativa à disposição da bolsa e a ordem de classificação do candidato. Muitos destes acontecimentos me deixaram coagida, de forma que eu nunca os compartilhei com ninguém, como estou compartilhando agora. Com isso eu pude observar que mais difícil do que me parecia conseguir passar no tão sonhado vestibular - já que as condições da minha família para que eu me dedicasse aos estudos eram escassas e mais escassas ainda eram as perspectivas para a minha vida - seria me manter na Universidade como venho fazendo. Eu represento uma classe que tenta se apropriar de um espaço que foi social e historicamente oferecido a homens brancos (inúmeros artigos tratam deste tema, inclusive em números). Eu estava e estou sendo ousada demais. Ainda no mestrado eu ouvi: "Fazer faculdade tudo bem, agora especialização e mestrado já é muito. Você não deveria estar aqui. Rouba nossas vagas e nossas bolsas de estudo". Hoje a minha família se emociona e se orgulha de que o meu presente não foi a reprodução da vida das mulheres do lugar onde eu saí. Mas, todos nós sabemos que eu represento uma minoria. Ainda somos minoria nas universidades, nos cargos públicos, nos níveis do ensino superior que se afunila a cada etapa para nós. As mulheres negras que podem ser vistas nas Universidades geralmente estão lavando o chão e as privadas. Sabemos que nossa representatividade ainda precisa crescer e se fortalecer. Eu entendi que a Universidade vai muito além de um espaço de produção e reprodução do conhecimento, ela também é um espaço de disputa simbólica. Aos professores e colegas da Universidade que me proferiram as frases que eu relatei acima, tenho a dizer que cotista e/ou bolsista ou não, terão que me engolir...

....

Eu sou Patrícia, tenho vinte e quatro anos, sou assistente social da Defensoria Pública do Estado do Paraná e estudante do Programa de Mestrado em Serviço Social da UNIOESTE. Mulher, negra, filha de pai funileiro e mãe técnica de enfermagem

3 PRETOS JUNTOS SÓ
PODEM SER BANDIDOS
"E ALÉM DE TUDO
É MACUMBEIRO!"

INSTITUCIONAL – ESTRUTURAL

PRIVILÉGIOS

Eu devia ter uns 12 anos apenas. Fui ao apartamento de um tio, que é branco, em um bairro nobre da Zona Sul carioca. Era aniversário dele e minha avó tinha pedido para levar um bolo de presente. Fui de carro com o motorista. Ao entrar no prédio o porteiro perguntou aonde eu ia. Normal. Disse a ele o apartamento e com quem desejaria falar. Fui autorizado a subir. Já tinha estado naquele prédio outra vez, só que acompanhado da família. Ao me dirigir para o elevador fui interpelado pelo porteiro, que disse que eu não deveria subir por ali, já que 'o seu elevador é o outro, o de serviço'.

Com meus 12 anos fiquei sem reação. Era isso mesmo? O que estava acontecendo ali era o que tinham me alertado a vida inteira? Subi e quando meu tio, que já me esperava com a porta aberta, me viu saindo do elevador de serviço, quis saber porque fui por ali e não pelo social. Contei a história. Ele ficou revoltado e queria resolver o problema na hora. Era seu aniversário, não queria atrapalhar. Ele ficou muito chateado com o que aconteceu e nem sabia como se desculpar. A culpa não era dele, quis falar. A culpa era da ignorância. Não era vergonha servir alguém. Ser empregado de alguém é totalmente digno. A questão era mais profunda. Usam a separação dos elevadores como um aviso: você não é bem-vindo aqui. Você só pode usufruir deste espaço na condição de serviçal. Gente como você nunca poderá ser morador. Não só o porteiro, mas o sistema já faz essa separação.

Aí me dizem: 'Agora você só sabe falar disso?'. Na verdade, não. Falo da minha vida, do que vejo, do que sinto. E isso está presente em muitos momentos. 'Você vê racismo em tudo?' Também não. Vejo onde ele existe. Vejo em quem o pratica. E quando vejo eu falo, denuncio, abro a boca.

Quando na faculdade eu tive que brigar com um professor que me deu nota muito menor do que todos os outros, sendo que eu tinha feito trabalho semelhante aos outros, fui até a coordenação do curso de comunicação e protestei. Minha nota foi revista e a má fé do professor constatada. Resultado: ele foi afastado do curso. Eu já tinha 19 anos e as porradas que havia tomado até ali me fizeram saber que rumo seguir.

A menina que só ficou comigo porque queria saber como era um preto na cama.

O motorista de táxi que não parou pra mim por medo.

O rapaz da loja que disse que a garrafa de vinho que eu queria comprar era muito cara.

Os policiais que em um espaço de 2 meses me pararam 10 vezes em blitz da Lei Seca, fora as habituais.

O comercial de tv que eu não fiz porque 'tinha os traços finos e ele precisavam de alguém com cara de pobre'.

As moças caridosas que me deram bolo e salgados para que eu 'levasse para dividir com meus amiguinhos na rua'.

O policial argentino que em uma fila com mais de 50 pessoas parou apenas a mim e outro rapaz negro para revistar e fazer perguntas ameaçadoras.

Outro policial, só que no Brasil, que insistia que eu era morador da favela, sendo que eu não era. Ele insistia e eu negava. Ele dizia que me conhecia e eu negava.

Eu ainda estou vivo. Não moro no Alemão ou na Maré. Não tenho tanque de guerra na porta da minha casa. Não tenho incursão policial diariamente. Não tenho tráfico de drogas na esquina, nem troca de tiros dia sim e outro também. Não tive meu carro fuzilado. Tive "sorte". No meio de tantos absurdos tenho que comemorar o fato de ser um "privilegiado". Pude estudar em bons colégios, fiz línguas, fiz faculdade, viajei, li bons livros, tive orientação familiar, tive um teto. Tive o que a maioria dos meus irmãos não tiveram. Ainda assim o racismo veio me dar boas-vindas. Quando alguém vem me dizer que o problema é muito mais social do que racial, lembro de tudo o que me aconteceu e isso para mim já basta como resposta.

Cinco jovens negros perderam a vida por serem jovens, negros e pobres. Cinco jovens que não ficarão mais do que dois dias nas notícias de jornal. Cinco jovens que comemoravam a conquista de um deles. Cinco pobres a menos. Cinco pretos a menos. Eram negros, pobres, favelados, quem se importa?

Eu poderia não estar mais aqui. Ainda tenho como contar a minha história e ajudar outros a falarem das suas.

Quem apenas senta nos próprios privilégios e não olha para outros consegue dormir tranquilamente?

Ernesto Xavier

LEONARDO

"Na favela em que moro, ao voltar da faculdade um policial me abordou, abriu minha mochila, pegou meu caderno, passou o olho e me fez a seguinte pergunta: "Tá fazendo faculdade pra ter direito a cela especial?""

Mostrando que não é um caso isolado ele, Leonardo, nos fala de outro momento:

"Há algumas semanas fui abordado 3 vezes em menos de meia hora. Na terceira abordagem questionei dizendo que havia sido abordado duas vezes nos últimos 20 minutos e que aquela abordagem era a terceira... A resposta do policial foi: "Eu não tenho culpa se você é um cidadão padrão para revista".

FRANCISCA XAVIER, 85 anos, atriz

Minha avó, Chica Xavier, devia ter uns 13 pra 14 anos e teve erupções nas pernas e braços provocados por picadas de insetos. Minha bisavó Dionísia a levou ao médico. O tal Doutor, por ela ser muito alta e magra, perguntou quantos anos ela tinha. Minha avó respondeu. Depois ele perguntou onde elas residiam. Minha bisavó era mãe solteira, na periferia de Salvador/BA.

O diagnóstico da filha da lavadeira negra da periferia nordestina foi DOENÇA VENÉREA! Minha avó tomou injeções de bismuto, sem necessidade, por conta do CEP e da condição social e racial.

Ela sente na pele até hoje.

AD JUNIOR, 29 anos, Especialista em Marketing Digital, vive na cidade de Hamburgo na Alemanha

Voltando ao Brasil de 1 a 7 – Com Final.

24.01.2014

Voltar ao Brasil é sempre uma experiência interessante, saber que vou rever meus amigos e viver momentos de muito amor e alegria rodeado pela minha querida família.

Com o tempo a gente vai acostumando com a forma de ser do brasileiro, se irritando com algumas coisas e passando a admirar outras.

Na última segunda-feira, Ronny (meu companheiro) me deixou no Aeroporto de Frankfurt por volta das 15:30 minutos; Logo me dirigi ao balcão de embarque da TAM, sendo esta a minha primeira experiência internacional viajando com esta empresa para o Brasil.

Foi nesse minuto que me dei conta de que ao entrar na fila, eu estava na verdade voltando aos velhos hábitos e costumes brasileiros. Segue:

1. Há um grupo de brasileiros contando quais são as vantagens de ir Roma e enumeram as marcas de grifes adquiridas durante a viagem – falam de forma firme e estão dispostos a nos fazerem ouvir e entender sua posição social. Pelo sotaque são do sul do país, me olham, quando pergunto quando abre o check-in e dizem não saber com olhar desconfiado - A mãe puxa a filha para o lado e o pai empurra o grupo para mais longe.

2. A mocinha a minha frente tenta puxar papo, animada e simpática está falando de sua ascendência alemã, conta também sobre as viagens frequentes de sua família a Europa. Me pergunta se é a primeira vez fora do Brasil – ela usa aquela voz que a patroa usa quando está aprovando o que a empregada faz. Aquele tom que todo preto e pobre detesta ouvir, lembra? Eu respondo qualquer coisa ininteligível e me viro – não quero falar nada da minha vida, já quero voltar pra casa.

3. O check-in abre e somos atendidos - muito bem por sinal - o rapaz ao lado precisa de ajuda com as malas e solta: "Já despachei uma mala extra previamente, desta vez comprei muito em Paris" - Eu ignoro e sigo meu caminho com vergonha alheia – So what?

4. 30 minutos antes da hora do embarque, forma-se uma fila no saguão - até hoje não entendi o por quê da fila, pois não es-

tavam chamando ninguém, as pessoas simplesmente entravam nela. Que lindo. Logo que o procedimento abriu ela sumiu. Um passageiro experiente vendo a cena faz uma piadinha: "Fila da vacina, Hum?" - Concordo com um sorriso.

5. Chegamos ao Brasil. Eba!

Eu fui pegar a mala e um senhor me pergunta: - "É jogador de Futebol?" Respondo que infelizmente estudei e não tive a sorte de virar jogador de futebol, completando que se pelo menos fosse estaria rico. Ele emudece.

6. Chego ao hotel no Rio de Janeiro, vou ao bar e peço uma bebida. O rapaz do bar começa a conversar, e me conta de sua experiência vivendo em Londres. Eu compartilho que moro na Alemanha, falamos sobre os altos e baixos de morar fora. Foi então que ele, muito simpatico, arrisca algumas palavras no alemão. Rimos.

Nesse momento chega um grupo de turistas de São Paulo, estes haviam acabado de chegar e pensando que eu não falava português viram para o rapaz do bar e perguntam: "Quem é o Africano aí… Esse Jamaicano aí... Tá bebendo o que ele?"

Fazem insistentemente piadas sobre mim até que o rapaz diz que falo português... E eu ali com cara de paisagem, queria ouvir o que essas pessoas falam quando não estamos perto. As piadas são impublicáveis!

7. Neste momento me lembrei de que estava chegando num país que aprendeu a se ver superior a mim em tudo. Aonde negros são ensinados a servirem e se calarem, e se um dia eu reclamar sobre esses sintomas de apartheid sócio-mental e comportamento bizarro para impor e mostrar quem é, vou ser acusado de me fazer de vítima e tentar criar uma tempestade no copo d'agua! Seja Bem-Vindo as suas Férias!

As Cenas 8 e 9 aconteceram na última semana, mais especificamente nas últimas 24 horas.

8. Na noite anterior a minha volta para casa, eu estava em Rio das Ostras, cidade no litoral norte do Rio de Janeiro, visitando um amigo que morava lá. Para agradecer o convite, resolvi pagar a nossa conta, seu irmão também nos acompanhava.

Pedimos a máquina e paguei com o cartão de crédito (alguns cartões internacionais vinham com chip e não pediam senha). Portanto o cartão passou os R$ 50 reais sem senha.

Segundos depois o rapaz volta constrangido; A dona do estabelecimento diz que não sabe a procedência do cartão e por isso não pode aceitar o pagamento. Meu amigo já nervoso fala: "Como não? O Cartão já passou?"

Tentamos explicar. Ela pede documento: Eu só tinha um celular e nele estava meu bilhete eletrônico, nem assim ela aceitou.

A dona do estabelecimento afirma que isso nunca aconteceu antes – Pera aí, alguém pagar e o cartão passar?! - Fica nervosa e indaga: "E se (o cartão) voltar?". Acaba estornando o pagamento, isso mesmo. Claro que eu já não estava calmo e digo que na Copa e nas Olimpíadas várias pessoas terão o mesmo tipo de cartão. Ela ignora e meu amigo paga em dinheiro. Eu estou puto.

9. No Aeroporto do Rio de Janeiro, faço o check in e procuro a sala Vip de um cartão de crédito; A moça fala inglês e eu respondo em português, nesse momento ela solta: - Oi, tá perdido?

ISALINO, 27 anos, engenheiro

Pela educação que me caracteriza, quero saudar o estimado leitor de acordo a hora do dia.

Meu nome é Isalino Pedro Nenganga, de 27 anos de idade, engenheiro electomecânico e docente. Sou angolano. Venho por este intermédio partilhar a minha experiência com relação ao que senti na pele quando estava no Brasil.

Em 2013, depois de ter terminado o curso de engenharia em Angola, decidi então ir para o Brasil de forma a qualificar-me com cursos (treinamentos) técnicos. Até antes de ir ao Brasil, em nenhum momento em Angola lembro-me de ter passado alguma situação de racismo, tudo bem que Angola é um país maioritariamente de negros, mas também tem muita gente de raça branca, nesta ordem de ideia, desconhecia por completo o sabor amargo da descriminação racial.

No Brasil vivi várias cenas de descriminação racial, as pessoas só não me chamaram de preto, mas seus comportamentos maléficos espelhavam claramente que o tom de pele era determinante. Vivi situações menos boas tais como:

- Houve vezes que estava a espera do elevador, aí quando o elevador chegasse no andar em que eu estava, se por acaso aparecesse mais alguém de raça branca, essa pessoa "mostrava ser gentil e deixando-me a entrar no elevador só. O mesmo acontecia no onibus, sempre que eu me encontrava sentado numa poltrona, as pessoas de raça branca não ousavam em incomodar-me, viajava super a vontade sem ninguém sentando ao meu lado, eles eram tão gentis comigo que preferiam viajar em pé ou esperando que alguém se levantasse para descer aí eles iam sentar ao lado da outra pessoa de raça branca.

- Outras situações constrangedoras acontecia quando estivesse a andar a noite no passeio e em sentido oposto estivesse a vir alguém de raça branca, na maioria das vezes as pessoas passavam sempre do outro lado, com medo de que eu fosse roubar algo deles, também via os motoristas fechando os vidros das viaturas quando fosse atravessar a estrada passando entre os carros.

- Uma das cenas muito triste foi quando praticamente, minha mãe, minha irmã grávida e eu fomos convidados a abandonar a república em que estávamos hospedados, tudo porque as outras inquilinas de raça branca não queriam fazer o uso do mesmo banheiro que minha irmã e minha mãe usavam, minha irmã já vivia lá muito antes de chegarmos ao Brasil e passava muito humilhação, só Deus sabe o quanto ele suportou.

- Outra experiência marcante, uma das vezes eu estava no ponto de onibus da praia Gonzaga, na Avenida Vicente de Carvalho (Santos/ São Paulo) pretendia apanhar o onibus para ir avenida Conselheiro Nébias. Posto na paragem, estavam também duas loiras, quando chegou um onibus eu fui em direcção as moças para poder ler para onde iria aquele onibus que havia parado, as moças agarram as suas pastas e ficaram cheia de medo como se eu fosse ataca-las, aí eu me passei, fiquei puto da vida e falei para elas na cara que eu não era ladrão, que o facto de ser negro não significa que tinha de ser ladrão, expliquei para elas que era um cara formado, batalhador e honesto.

Desde este momento percebi que existem pessoas que estão mais preocupadas com os rótulos do que serem apenas humanos.

DANIELA GOMES

Acabei de sair de uma reunião, onde uma pessoa disse para mim e para outros colegas que se eu estivesse na África do Sul (pós-apartheid) e alisasse o cabelo, as pessoas me classificariam como branca ou classificaria a mim e alguns deles como colored (algo que pelo que entendi está próximo ao mestiço ou me posiciona em um lugar não negro- mas também não branco). (A afirmação estava dentro de um contexto maior envolvendo nacionalidade e relações raciais).

Na hora, a gente compara com as classificações raciais no Brasil onde também sempre me dizem que se eu alisar meu cabelo eu passo por branca fácil.

Como pessoa negra de pele clara, eu sempre fico na defensiva ante essas afirmações. Não que eu não saiba que eu tenho pele clara e que o colorismo faz com que uma pessoa negra de pele escura sofra com o racismo de forma muito mais direta do que eu. Mas fico na defensiva porque eu sei que essa tal escolha por passar por branca nunca me foi realmente dada.

Até meus 12 anos eu não sabia que era negra. Eu via minhas tias como negras, minha irmã como negra, meus primos como negros, mas não me via. EU NÃO ME VIA, meu reflexo no espelho era invisível.

Mas os outros me viam. Viam meu cabelo crespo quando diziam que eu tinha cabelo de Bombril, ou que meu cabelo era um fuá. Viam meus traços quando diziam que meu nariz era largo e ia de uma ponta outra, ou quando diziam que eu não podia usar batom vermelho porque meu "beiço" era muito grande. Ou quando diziam que eu era tão feia, que parecia um manequim de casa de umbanda.

Os outros me viam. Mas eu não.

Alisei meu cabelo aos 7, porque eu não me via. A primeira vez que fui a escola com o cabelo alisado, em um rabo de cavalo que balançava, a professora me deu parabéns por estar linda e arrumada. As feridas que o alisante causava na minha cabeça não importavam mais. Deixa queimar o importante é não ter cabelo ruim.

Aos 12 anos "o rap me deu um espelho" (essa frase ouvi em Farinha com Açúcar e não tive como não usar). E eu passei a me ver. Me vi como negra. Vi minha família como negra, passei a travar batalhas internas e externas que nem Dom Quixote travaria. Pra me afirmar como negra, pra afirmar os meus como tal.

O tempo todo a sociedade me dizia, mas você é tão clarinha, porque quer ser negra? Mas ao mesmo tempo, porque eu usava chapinha no cabelo riam dizendo que eu não podia sair na chuva e que eu tinha o pé na senzala, que seria criada do quarto (todo mundo sabe o que acontecia com as criadas do quarto né?).

E apesar de me ver, eu não gostava do que via. Praticamente não tenho fotos minhas na adolescência, nem minha mãe tem. Eu me achava feia demais pra sair nas fotos.

Autoestima? o que era isso?

Demorou muito pra gostar do que via. Pra dizer, ei mulher negra, você é linda, exatamente como você é (nem sei se já cheguei nesse ponto, as vezes ainda me pego olhando meu reflexo com dificuldade)

O cabelo natural foi a parte mais recente dessa aceitação. Em uma vida de mais de três décadas, menos de 1/3 do tempo meu cabelo está natural.

O que significa que a maior parte do tempo quando sofri racismo, a maior parte do tempo quando fui agredida pelos meus traços, meu cabelo estava alisado. Meu cabelo estava alisado nas entrevistas de emprego, para os quais eu nunca tinha o perfil, meu cabelo estava alisado quando alguma coisa me diferenciava dos colegas da faculdade e em tantos outros momentos.

A maior parte da minha vida, eu sofri racismo, mesmo que esse fosse o tempo onde supostamente de acordo com os cálculos que me são apresentados hoje eu poderia passar por branca.

Eu não tenho vontade de passar por branca. Eu sei que sou mulher negra e me orgulho disso.

Mas essas coisas me fazem pensar que o racismo é algo bem eficaz. Se por um lado me atacou de forma silenciosa e mortífera durante os anos em que eu não sabia que era negra, como uma serpente que se camufla no meio da mata (da mesma forma que faz com outros negros de pele clara), hoje que eu me afirmo como tal, tenta matar minha confiança e afirmação dizendo que eu nem sou tão negra assim. Tentando me jogar novamente no limbo, no não lugar, no não pertencer a nada, nem a mim mesma.

É por essas e outras que o tal você poderia passar por branca, me é tão indigesto, não desce, fica entalado na garganta, sufocando cada vez que me é dito.

JORGE, 31 anos, em situação de rua

Senti alguém tocar minhas costas e me virei para ver quem era. Um rapaz negro e magro, aparentando idade parecida com a minha. Jorge Luiz. Morador em situação de rua. 31 anos.

Agradeceu por eu ter lhe dado atenção. Disse que isso era uma raridade e que só queria conversar um pouco. Desabafar.

Jorge falava muito bem. Dava para perceber que era "diferente".

- É que eu gosto muito de ler. Sempre acho um livro, fico muito feliz. Você pode me dar uma matéria da terceira série e eu não vou saber, mas leio tudo que está nos livros. Assim eu viajo o mundo.

Perguntei a ele se poderia gravar nossa conversa. Meu lado jornalista não aguentou. As pessoas precisavam conhecê-lo. Precisavam dar uma chance a ele.

"Quando a gente vai dormir às vezes numa cobertura de uma loja quando tá chovendo, os caras já acordam a gente com chute, xingando, humilhando. Tem ruas que eu não posso entrar pra reciclar, porque as pessoas não deixam.

Isso acaba gerando ódio no coração das pessoas.

Nem todo mundo na rua é mau-caráter. As pessoas só precisam de oportunidade", me disse ele.

Estávamos em um posto de gasolina, em Bonsucesso, subúrbio do Rio de Janeiro. Os funcionários do posto me olhavam desconfiados. Por que eu estava falando com aquele rapaz? Jorge tinha muito a me ensinar.

"As pessoas não dão oportunidade para quem está nessa situação. Cada vez fica mais difícil, porque a gente não tem acesso a entrar num shopping, usar um banheiro, por exemplo. As pessoas a cada dia que passa elas rejeitam, acham que todo mundo é mau caráter e pelo que eu pude perceber, pra pessoa estar na situação de rua, é por algum motivo.

A rua é como se fosse uma cadeia. Você quer sair dessa situação, mas você não encontra oportunidade pra poder sair. Tem algumas pessoas que abrem uma exceção. Te dão uma atenção.

Eu já bati na prefeitura. A prefeitura não tem estrutura pra poder dar uma isenção pra pessoa sair da situação de rua".

Jorge estava com fome. Ofereci um biscoito que eu tinha no carro e ele agradeceu. Me contou um pouco da sua vida, das humilhações que passou, do preconceito, da vontade de mudar a vida e não encontrar refúgio, dos perigos da rua, dos domingos solitários nas ruas cariocas, da invisibilidade, os livros que leu, do descaso do governo, da carga tributária, do racismo, da ajuda que recebe de algumas entidades religiosas e da violência urbana.

"Um dia eu estava no mercado SuperMarket, na Avenida Suburbana(Dom Hélder Câmara). Eu arrumei R$ 2,60 , que é o preço do biscoito de maisena e fui querer comprar o biscoito lá. Eles colocam um segurança à paisana e um de uniforme para, justamente, se o à paisana tiver uma atitude mais enérgica, ele até pode fazer uma covardia e o mercado se isentar dessa culpa. Eu estava entrando no mercado, o cara me xingou, sabe? Nomes pra me humilhar. Eu não liguei, até porque não atendo por esse nome. Me chamou de cracudo, de mendigo, de neguinho. Aí quando ele falou neguinho, eu achei que ele estava falando comigo, então olhei pra trás. Eu disse "Pois não, meu nome é Jorge. O que está acontecendo aí, senhor?"

- Você vai pra onde?

- Vou lá comprar um biscoito no mercado. – disse Jorge.

- Tu não vai entrar aqui não.

- Olha só, meu amigo. Com licença. Esse aqui é um lugar público-privado. Certo? Tem dono. É aberto ao público. Vocês vendem. Você não pode escolher quem vai entrar ou não vai entrar no mercado. Se eu entrar no mercado e olhar, eu estou no meu direito, porque a opção de compra é minha".

Jorge entende de leis, sabe seus direitos e ganha os outros no papo. Mas quase nunca é ouvido:

"Quando eu falei pra ele que se eu comprasse um pãozinho, no mínimo, eu deveria ser tratado com respeito igualmente àquela pessoa que tem 5 mil reais de compra, ele pegou e me agrediu, porque ele não tinha argumento pra me contradizer. As pessoas em volta viram que eu estava certo e ninguém se manifestou ao meu favor. Por que? 'O cara tá sujo, é da rua, deve ter feito alguma coisa de errado'. E mesmo que ele estivesse certo, não deveria tomar aquela atitude. Se eu pensasse em procurar os meus direitos, seria em vão. Eu ia chamar a polícia, o mercado ia alegar que só tem vínculo com o empregado de uniforme, da empresa terceirizada e ia falar que o que aconteceu comigo foi discussão entre clientes. Ia abafar o caso".

Me despeço de Jorge com lágrimas nos olhos.

Oportunidade é a palavra.

Jorge é fruto do descaso público, do racismo, do desprezo da sociedade pelo pobre, da invisibilidade que mata.

Jorge se despede:

"Obrigado por me ouvir".

Eu que agradeço, Jorge.

.

Ernesto Xavier

MATHEUS, 19 anos, estudante da UFRJ.

Venho relatar minha infeliz experiência na Unidade de Pronto Atendimento (UPA) de Botafogo e no bairro de uma classe média alta.

Quarta-feira, 23 de dezembro de 2015.

Eu estava no metrô de Botafogo com um amigo quando me senti muito mal. Pulamos do vagão e fui a procura de atendimento. A estação de botafogo não possuía nenhum tipo de atendimento a seus usuários. E se há, não estava funcionando, pois mandaram eu procurar atendimento na UPA de Botafogo.

Cheguei com meu amigo na UPA. Ambos negros. Eu trajando um short, chinelos e regata cinza, além de meu cabelo bem crespo e despenteado pós água do mar. Meu amigo com roupas semelhantes.

Pedi para a senhora que se encontrava na porta medir minha pressão e meu pulso. Minha frequência estava 188. Ela me olhava com um olhar de desconfiança e dizendo "Quero entender o porquê desses números". E eu afirmando que apenas comecei a me sentir mal.

Pediram para eu aguardar e eu fui ao banheiro.

Assim que entrei ouvia coisas do tipo: "Tira ele de lá", "O que ele está fazendo?". Além do segurança ter abrido a porta duas vezes.

Na hora de me levar ao atendimento a mesma senhora foi estupidamente grosseira e me tocava com total desconfiança e zero preocupação. A desconfiança só cessou quando pedi pra ele me tratar com calma e educação (precisei pedir pra alguém ser humano) e quando falei do meu plano de saúde com minha mãe ao telefone. Fui atendido por uma enfermeira, eu acho, que afirmou que não via emergência no meu caso. Mandou eu aguardar.

Quando fui a procura de meu amigo, ele tinha sumido. Expulsaram ele de lá. O motivo? Apenas não poderia ficar lá.

Fui em direção a porta, pois vi que se me acontecesse algo eu padeceria por negligência.

Eu e meu amigo fomos na direção de um ponto de táxi ao lado da Unidade. Tinham uns 3 carros e outro prestes a sair. O fiscal me olhou dos pés a cabeça. Com a cabeça em negação me disse que não estavam trabalhando. Mas como? Um táxi embicado prestes a sair, outros 3 parados.

No desespero fomos a procura de outro táxi sabendo o quão difícil seria algum parar para nós. Depois de uns 15 minutos fazendo sinal, um táxi para e eu posso ir a procura de um atendimento privado perto de casa.

Me entristece saber que a carne jovem, negra e pobre não vale nada. Me entristece mais ainda ter sido tratado como nada por pessoas negras dentro da Unidade. E se eu fosse um nada? Filho do asfalto, sem rumo? Mereceria tal atendimento? Os brasileiros carecem de humanidade, transbordam intolerância, segregação e preconceito.

Nesse mesmo dia meu amigo foi impedido de ir à praia. Foi abordado por um policial em Ipanema exigindo documentos.

A carne negra é a mais barata.

RENATA SAMPAIO, 28 anos, atriz e performer

Minha história com o teatro começou aos 12 anos de idade. Artes cênicas era uma disciplina da escola em que estudava, e minha mãe, vendo que eu gostava e querendo algo pra ocupar a cabeça da filha nas horas vagas (porque mente vazia é oficina do diabo) me colocou num curso de teatro perto de casa. E daí por diante não parei mais, mas não foi tarefa fácil!

Na primeira apresentação da qual participei no curso, os alunos tinham que interpretar heróis. Cada um ganhou um nome para pesquisar e interpretar e a personagem que me deram foi a Escrava Anastácia, uma mulher negra escravizada obrigada a usar uma mascara de metal como castigo por rejeitar o assédio sexual de seu feitor, que anos depois foi beatificada.

Naquele mesmo ano entrei para a companhia da escola de teatro e comecei a me apresentar por escolas e teatros da região. Fazíamos uma adaptação da Bruxinha que era boa, da Maria Clara Machado, e meu personagem era uma bruxa má. Quando uma das professoras da minha escola anunciou minha peça em sala de aula, alguns colegas me zoaram dizendo que o papel tinha tudo a ver comigo, porque eu já tinha cabelo de bruxa...

Fiz uma pausa no teatro na oitava série para estudar pro vestibulinho e passei para um colégio federal tradicional do Rio de Janeiro. No ano seguinte tudo mudou: comecei a estudar no centro da cidade com pessoas de várias partes do Estado, gente de todo tipo. Dos 40 alunos da minha sala, apenas 4 eram negros e eu era a única vinda de escola publica. Foi um ano difícil, estava muito frágil, isolada, me sentia inferior aos colegas de turma, e, pra piorar, um colega veio me dizer que eu era feia. Passava muito tempo trancada no banheiro esperando o horário do recreio acabar, até conseguir fazer alguma amizade no colégio. Além da falta de reconhecimento no outro, tinha o fato dos alunos serem muito mais preparados intelectualmente que eu. Era a melhor aluna da minha turma no meu bairro Realengo, e ali eu me sentia feia e burra.

No final daquele ano, a professora de literatura deu um trabalho em grupo sobre gêneros literários, no qual cada grupo recebeu um texto de determinado gênero (poesia, musica, conto, etc.) e tinha que transformá-lo em peça teatral. Maravilhoso, pois enfim poderia demonstrar minhas habilidades teatrais! Grupo escolhido, eu já era a protagonista, quando chegou o texto veio o impasse: a protagonista era uma princesa! Eu surtei: eu não poderia interpretar uma princesa! As princesas são lindas e eu sou feia!

Na minha cabeça, princesas eram bem branquinhas, tinham cabelos enormes, lisos e soltos. A televisão, os desenhos, todos me ensinaram que a beleza era branca. Qualquer menina da minha sala podia assumir esse papel, menos eu, a menina negra que vivia com os cabelos estirados e coque. Um amigo então decidiu que os personagens seriam mouros, porque os mouros haviam invadido reinados e se tornaram reis desses lugares. A professora ficou surpresa com o fato de nosso grupo ter contextualizado a peça, mas entendeu que era uma forma de justificar a negritude da protagonista...

Dois anos depois eu fiz o vestibular para artes cênicas, diante da surpresa de alguns professores que não compreendiam porque eu não tentava uma carreira "de verdade", e passei! Já na primeira semana de aula eu andava pelo jardim da faculdade com um amigo também negro e ouvi de um aluno veterano: "ué, agora tem cota pra teatro na UNIRIO?"

Dos 50 ingressantes daquele semestre, éramos 5 negros...

Além das matérias obrigatórias, era preciso fazer três peças de teatro para concluir o curso. Na primeira que fiz, todos os atores faziam vários personagens, dentre todos os que eu fazia eu ganhei destaque interpretando um pivete. Essa interpretação me rendeu do diretor da peça uma indicação para outra, na qual tinha uma personagem maravilhosa que era uma empregada, mas essa eu acabei não fazendo. Minha segunda peça foi na verdade duas, pois tinham dois diretores e cada um deu a sua versão para a história. Em uma eu era uma imigrante africana empregada da família e na outra eu era uma adolescente também africana que despertava o desejo sexual do primo europeu e este tentava estuprá-la... No ano seguinte, um aluno diretor montou uma peça que eu gosto muito e abriu teste para o elenco. Me inscrevi para fazer a personagem principal, mas, chegando lá, indagaram se eu não queria fazer o teste pra empregada da peça. Fiz o teste pra protagonista e passei pra segunda fase e, chegando lá, pediram para eu fazer o teste da empregada também. Fiz, mas não passei pra peça.

Para além do currículo, fiz outra montagem, em que eu chorava a morte de um filho morto pela violência urbana numa recriação do diário de Anne Frank no Brasil... Fora da faculdade eu fiz algumas peças, em uma eu era uma prostituta bagaceira, na outra uma adolescente grávida e em outra uma mãe que perdia o filho na guerra.

Então eu percebi como o racismo é estrutural! Que, independentemente de onde estamos, sempre vão nos querer em situações subalternas, mesmo que metaforicamente, como no caso do teatro. Podemos ter ensino superior completo, mas vão sempre querer diminuir essa conquista e colocar-nos em papéis inferiores, em papéis que representam o lugar de inferioridade que ensinaram aos nossos que devem ocupar na sociedade. Eles nos querem estereotipados, ocupando os lugares que eles não querem ocupar, pois isso os torna superiores! E isso se torna um ciclo vicioso, pois se não ocupamos as posições de destaque, não geramos representatividade, e, sem representatividade, aquela adolescente negra vai continuar achando que não pode ser princesa porque nunca viu nenhuma parecida com ela... Ou a criança vai crescer achando que heróis negros não existem...

Foi então que eu comecei a trabalhar com performance pra poder usar minha arte do jeito que eu quiser, falando o que eu acho importante sem ser podada por uma estrutura branca que quer dizer qual é meu lugar na arte. Foi assim que eu me empoderei e me aceitei do jeito que sou e busco com o meu fazer artístico empoderar meus pares.

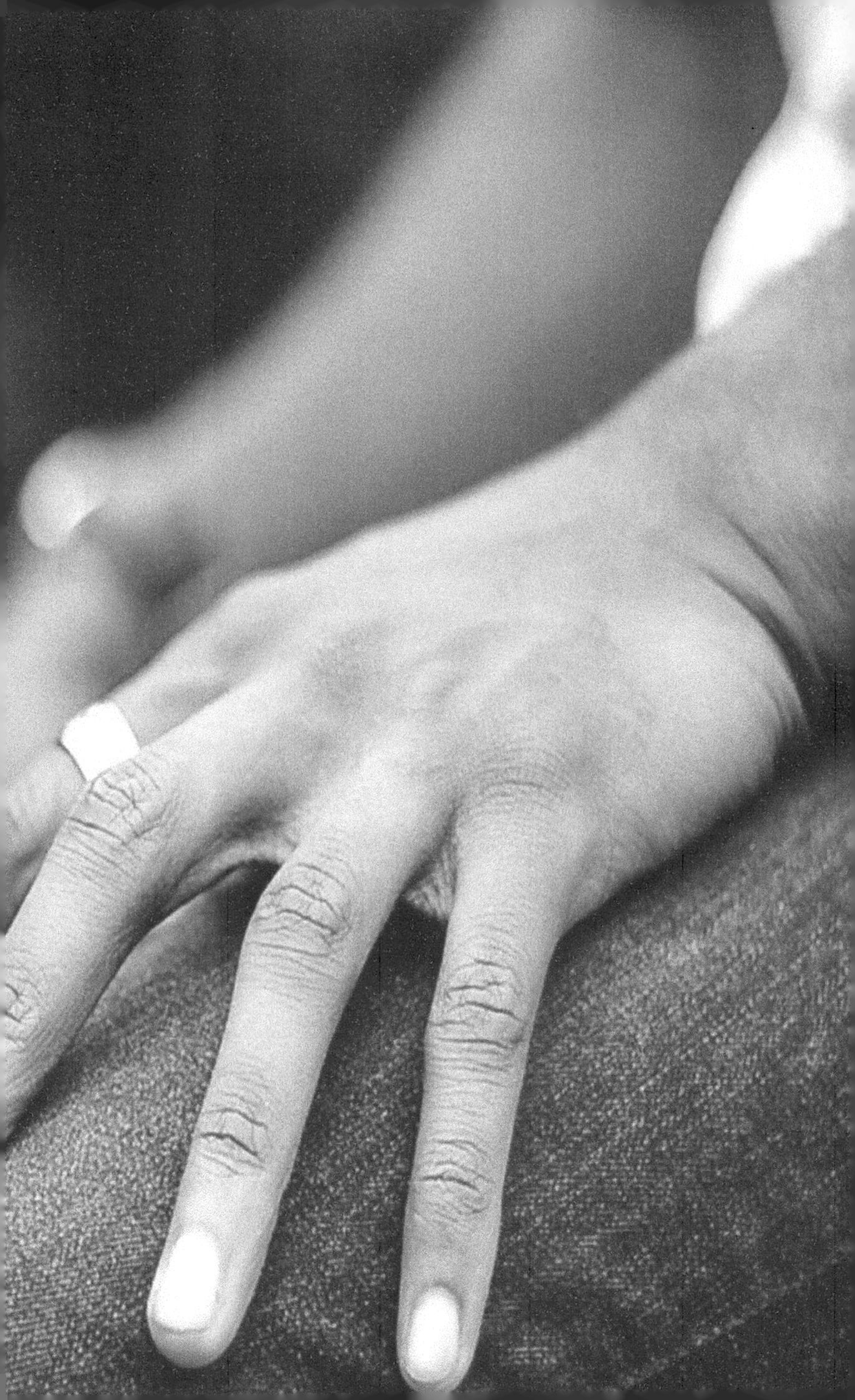

TRABALHO

ENXUGANDO GELO

Metrô do Rio, estação Cantagalo, em Copacabana. O vagão está lotado. Rostos e corpos pretos. Quase todos. São 17h. Horário de retorno dos trabalhadores para suas casas. Rostos cansados. É uma sexta feira de verão carioca. O sol castigou durante todo o dia: 40 graus com sensação térmica de 45. O ambulante entra com uma bolsa de viagem. Mais um rosto preto.

- Eu venho aqui oferecer a bala Mentos por apenas 1 real. Nas lojas você vai encontrar por R$1,50 ou 2 reais. Aqui você refresca seu hálito por apenas 1 real.

Estou sentado e abro a mochila pra pegar as moedas. Olho para ele e aguardo que me veja. Mostro as moedas. Ele me olha com cara de decepção e faz "não" com a cabeça.

- Vão me tirar daqui, pago passagem de novo e vou voltar. Depois vai entrar outro ambulante e vai vender pra todo mundo. Eu só quero pagar a comida das crianças. Vocês só estão enxugando gelo.

Então percebo que tem um guarda do metrô no vagão. Outro rosto preto.

Cada um defendendo seu lado. Cada um querendo sobreviver nessa selva hostil. Ambos pobres. Ambos pretos.

O vendedor saiu do vagão e o guarda o acompanhou.

É sexta feira. Eles só querem o aconchego do lar, da família. Querem pagar as contas. Querem um pouco de paz, comida quente, bebida gelada.

O capitão do mato e o "nêgo fujão".

Quase todos pretos. Quase todos pobres.

O gelo segue derretendo...

DENISE, 45 anos, Cuidadora de idosos

O racismo já começa na infância, na escola, né? A gente começa a sofrer por aí. Na escola a gente sempre achava alguém que ficava chamando a gente de "neguinha" e na época da minha mocidade tinha aquela música da Sandra de Sá e outra do Luiz Caldas e quando a gente passava sempre tinha alguém pra mexer com a gente, xingar e eu sempre fiquei com vergonha disso, mas depois passou. E trabalhando na área de enfermagem e de cuidador, também acho preconceito em algumas casas.

Eu trabalhei em uma em que estava cuidando da paciente e ela me xingou de urubu. Só que ela especificou que não era urubu branco, era urubu preto, devido a ser minha cor. Eu fiquei muito sentida com isso. Achei que não merecia isso, por estar cuidando dela e receber um tratamento desse. Eu fiquei lá um tempo e depois saí, porque ela tinha preconceito mesmo. Ela achava que pra tratar dela uma pessoa clara seria melhor.

Ela contava uma história de que tinha uma empregada negra que trabalhava com eles (a paciente e o marido) e ela contava com o maior orgulho que uma vez a menina sentou na cozinha, para poder se alimentar e ele atirou a cadeira pela janela, porque ela era uma empregada e não podia sentar ali. Ela contava com o maior orgulho para todo mundo que chegava lá.

A gente não podia se alimentar lá. Uma vez eu estava com fome e peguei uma banana para comer e passei mal, porque ela falou e xingou, me senti mal a noite toda com aquilo. Depois disso nunca mais peguei nada lá para comer.

ANDRÉ, 26 anos, Designer gráfico

Essa senhora da foto não sou eu. Ela é minha tetravó, Maria Thereza, essa foto é do começo dos anos 20 e ela viveu até os 106 anos, morrendo em 1926. Ela está provavelmente na casa de seus senhores (apesar de já "liberta" nessa época, as coisas não mudaram na prática: era a mais-valia em seu extremo, sem o nome "escravidão"). Sabe-se lá quantos talentos ela tinha.

Meu nome é André. Sempre fui uma criança desconexa de meu senso, aérea e introspectiva. Aos 5 anos de idade já tinha um leque de perguntas não respondidas (que iam desde "quem são os pais de Deus" até "se era possível alguém viver para sempre"). Nessa época comecei a frequentar a escola e, já nessa idade, tive contato com a perversidade de outras crianças. Se existem grandes mentiras que parecem nunca serem desmentidas, uma delas é a de que toda criança é "pura". Isso não é verdade, descobri desde cedo. Tive meu primeiro contato com a palavra "neguinho" provavelmente no Jardim II da escola, na vez que tive meus genitais chutados e minha calça abaixada na frente de todos sem saber o porquê merecia aquilo (e tentando saber se era comigo mesmo - pois meu nome não era "neguinho"). Também ouvi na vez que arrancaram uma bolinha verde decorativa de uma blusa que eu adorava, simplesmente por demonstrar gostar muito disso e me divertir sozinho nela. De fato, crianças não são puras. Há competições de ego desde os primeiros anos (temos estímulos culturais constantes para isso) e isso se estende por muitos anos. Enfim, posso dizer que cresci sozinho, fechado, calado, esperando sempre a hora do sinal para voltar para casa.

No final do ensino médio eu não queria sequer fazer uma faculdade. Tudo o que eu queria era terminar a escola e perder meu contato com as pessoas. Meu primeiro trabalho surgiu cerca de 2 anos depois do término da escola, em uma loja de tintas. Naquele lugar eu ganhava muito pouco, ouvia constantemente piadas sobre meu cabelo e ainda tinha que gastar uma parte considerável do meu salário comendo em um restaurante próximo (pois ocasionalmente apareciam ratos no que era chamado de "cozinha"). O pior é que minha alienação era tanta que, com meus 19 anos, já acreditava que iria aposentar ali (minha única ambição era comprar meu equipamento musical, aos poucos - eu não pensava em sair de casa, não pensava em viajar, não achava ser capaz de ter uma vida amorosa, quão menos me profissionalizar em algo). Minha válvula de escape era a música e, tendo como alimenta-la, para mim estava bom. Acontece que, com os anos de hostilidade da escola, minha interação social não era das melhores, logo, fui reprovado no término do período de experiência e dispensado. Depois disso passei por outros empregos. Um deles foi uma gráfica rápida. Lá eu era responsável por serviços gerais. Nesse lugar, observei que o designer gráfico trabalhava em uma sala isolada, podia trabalhar ouvindo música e tinha pouquíssimo contato com os clientes. Achei perfeito, era a combinação de duas coisas que me faziam sentido: estar em contato com a música e distante das pessoas.

No início eu só achava legal a ideia de alguém trabalhar dessa forma, mas ainda não me achava capaz. Com cerca de 1 ano e 8 meses, decidi fazer um curso livre de design gráfico e prestei a prova do ENEM. Me destaquei no curso e consegui uma pontuação razoável no Enem. Consegui entrar em uma faculdade e recebi uma indicação da professora desse curso para um estágio (comecei ao mesmo tempo). Parece bom, mas infelizmente fui iludido por essas duas coisas (não acreditar em mim mesmo por anos foi bastante prejudicial, pois na minha cabeça qualquer faculdade é boa e qualquer trabalho melhor que o anterior também). Aconteceu que fui contratado em regime de estágio, mas não passei exatamente por um estágio. Já nos primeiros dias, ouvi em tom de brincadeira coisas como "você nem é tão negro assim" ou "apesar de você ser um pouco negro, você não tem tantos traços de negro, sua boca é fina". Nesse início eu não reagi (apesar de no fundo querer gritar "eu sou negro, qual o problema?"). Fui empurrado com a barriga em meio a várias promessas nesse "estágio" (cheguei a ser convencido de vender minhas férias e também a trabalhar mais horas que o tempo legal de um estágio por alguns trocados a mais). Ouvi promessas até o final e também ouvi algumas piadas ao longo desse tempo (todas aturadas, porque fui ensinado que "às vezes é bom alguns sapos para colher alguma coisa boa"). Na semana que eu seria finalmente efetivado fui mandado embora, simplesmente.

Me senti péssimo com a dispensa. Novamente, depositei muita confiança onde não deveria e tolerei muita coisa errada. Na época as únicas coisas que me alegravam era a música (pois eu estava compondo quase que diariamente, tinha muito material acumulado e sonhava em levar esse material para estúdio) e um projeto de desenho em que eu fazia intervenções de fotos com ilustração. O projeto de desenhos estava começando a ter algum retorno nas redes sociais e cheguei a me empolgar com a ideia de comprar uma câmera profissional para aprimorar esse projeto e ganhar visibilidade. Acontece que a demissão mudou tudo (o dinheiro que guardei para a câmera era tudo o que eu tinha). Nessa época conversei com uma amiga que conheci em um grupo de timidez. Ela estava pensando em iniciar um curso de desinibição aos sábados na minha cidade e me empolguei com a ideia. Nesse momento já estava claro na minha cabeça que eu precisava melhorar isso em mim e que, melhorando isso, minha vida profissional também melhoraria (ou melhor, começaria).

Iniciei o curso com uma aula de atraso. Por não saber o local exato da aula, fiquei aguardando na secretaria. Enquanto aguardava, apareceram duas pessoas que eu nem imaginaria que entrariam de vez na minha vida: minha sogra e minha namorada. Ela também estava um sábado atrasada.

O curso foi ótimo (me arrependo de ter faltado algumas vezes), não tive o que reclamar. Porém, uma coisa aconteceu no meio disso tudo e eu nem me dei conta: perdi muito minha confiança como profissional (os problemas constantes da faculdade e do "estágio" tomaram muito de mim). Com medo de ser hostilizado em um emprego que não fosse da minha área, passei a me empenhar em fazer o melhor portfólio possível e procurar um emprego na área. Acontece que nunca achei meu portfólio bom o suficiente e já o abortei diversas vezes. Minha confiança foi e ainda está bastante abalada. O curso seguiu, mas o emprego não veio. Era fantástico ser aceito por um grupo (isso raramente me aconteceu e nunca por tanto tempo). Em uma das atividades finais me apaixonei pela pessoa que é minha atual namorada e já estamos juntos a pouco mais de um ano.

Com o término desse curso, veio a ideia de fazer uma coisa mais ousada: nos arriscamos em um curso de teatro. O desafio era bem maior (passamos a estudar e seguir um método). Esse curso tinha dois professores. Um deles me fazia sentir excluído. Eu não podia dar palpites nas aulas sem que isso virasse piada, eu não podia dar sugestões de atividades como as outras pessoas (essa sugestão era transformada em deboche e distorcida - como se eu estivesse sugerindo para me mostrar), eu não podia sequer chegar atrasado sem ser exposto na frente de todos. Acontece que é nessa parte que entra o que foi dito no início: eu não percebi isso tudo em um piscar de olhos, demorou. Ele era chato com outras pessoas, mas eu era a única pessoa que chegava nesse nível (curiosamente eu era a única pessoa negra da sala). Quando eu liguei os pontos me fez sentido.

Esse professor demorou para perceber que eu namorava com uma das pessoas da sala (vale fazer a observação que se trata de um relacionamento miscigenado). Quando ele percebeu, as implicâncias dobraram: minha namorada sofreu um assédio sexual e ele fez coisas absurdas para nos machucar. Ele nos separou das atividades, a colocou para fazer dupla com uma outra menina da sala e sugeriu que as duas fizessem um casal homossexual (o que é uma coisa positiva, mas que foi totalmente distorcida e encaixada em uma situação abusiva). Fiz dupla com uma outra garota do curso. Em uma das aulas, com a minha namorada presente, ele sugeriu que eu tocasse os seios dessa garota (sem sequer perguntar a ela se ela se sentia à vontade e estava segura para aquilo) e eu recusei. Na aula seguinte eu faltei (essa aula seria a ultima aula antes da apresentação final, tudo já estava praticamente pronto, só era necessário repassar algumas coisas, mas nada fora do que já havia sido fechado). Aproveitando minha ausência, ele fez várias insinuações para minha namorada (coisas baixíssima como: "você vem aqui, você aqui e você aqui, com seu namorado te encochando"). Ele sabia o que estava fazendo e foi testando ela ao limite - foram várias e várias vezes. Chegando na cena dela, novamente ele deu mais algumas sugestões. Dentre elas, sugeriu que sua parceira de cena colocasse a mão entre seus seios e exemplificou isso nela, sem sequer pedir sua permissão. Em seguida ele sugeriu que as duas se beijassem, o que aconteceu (minha namorada estava em uma situação limite e ela tem uma dificuldade enorme de lidar com figuras de autoridade - foi praticamente um auto-estupro). Apesar de não poder ir nessa aula, fui até o curso busca-la no final da aula e fui surpreendido por todos (eu virei uma atração e fui exposto da forma que ele queria). Me incomodou bastante aquela situação (primeiro porque tínhamos conversado sobre isso como casal e havíamos decidido que nenhum de nós dois faria esse tipo de cena (não por se tratar de um beijo entre duas pessoas do mesmo sexo, mas simplesmente por se tratar de um gesto íntimo reservado a nós dois). Mesmo assim, a cena seguiu (não achei justo impor a ela o que fazer).

No dia da apresentação confrontei ele na frente de todos. Foi libertador. Não falei nada sobre a cena do beijo, mas falei sobre a pressão que ele fez sobre ela fazendo comentários maldosos. Ele ficou sem graça, sem palavra, estático (pois não esperava). A reação dele me disse tudo (naquele momento ficou claro que havia a intenção de me machucar). Pretendo fazer isso quantas vezes mais for necessário. É necessário resistir. É necessário romper o silêncio e evidenciar as coisas, se não nada muda. Não espero passar por esse tipo de situação novamente (me sinto mais capaz de perceber as coisas agora) mas, se passar, já sei o que fazer.

Nós demos um tempo com o teatro e minha namorada passa por um tratamento psicológico. Não acho justo virar as costas para ela. No fim das contas, ela sofreu junto comigo no meio disso tudo. O racismo massacra a nós negros de forma direta e indireta. Minha namorada foi vista como a "bolinha verde" da blusa que eu perdi na infância, ela foi reduzida a isso. Sinto que até a felicidade da pessoa negra incomoda e isso é doentio.

Quero viver o suficiente para ver atores, atrizes, músicos e diversos outro/as artistas negros sendo livres e conquistando seu lugar. Não precisamos viver de migalhas, não precisamos ceder a "senhores" (e senhoras) e pousar em uma foto fingindo que está tudo bem ou se conformando. Não precisamos repetir a história. Eu sou a continuidade da história que não foi silenciada. Eu sou o grito preso de Maria Thereza, guardado bem antes de 1926.

CARLOS AUGUSTO, 40 anos, condutor socorrista

Trabalho no SAMU de Bertioga, litoral Norte de São Paulo.

Eu e meu colega fomos atender um chamado de agressão em um condomínio de alto padrão na cidade, e ao chegarmos no local haviam 2 rapazes que estavam com sinais claros de que haviam se envolvido em uma briga.

Descemos da ambulância, meu colega foi atender um dos rapazes e eu fui no que estava sentado. O estado dele era lastimável. Tinha sangue saindo pela boca, nariz e um corte na cabeça. Me abaixei, disse meu nome e disse que estava ali para ajudá-lo... Ele, mesmo estando naquelas condições que necessitavam de pronto-atendimento, me olhou de cima a baixo com claro desdém e mandou essa: "Você não tem condições nenhuma de me ajudar!" Detalhe: Ele não possuía sinais de embriaguez, o que eu poderia até levar em consideração, mas como a questão ali era de um preto atendendo um branco, que simplesmente achava que por esse "pequeno" detalhe de pigmentação eu não teria condições técnicas de atendê-lo.

Não vou mentir, fiquei louco da vida, era alta temporada e aquele dia estava muito corrido e ele recusou atendimento, ficando ali todo ensanguentado.

Enfim, a única coisa que posso dizer a aqueles que dizem sermos vitimistas, etc, etc.. é:

SÓ QUEM SOFREU NA PELE SABE O QUANTO DÓI!!!

CHRISTINA, 58 anos, Engenheira Química – Doutora em Vigilância Sanitária

No primeiro dia em que fui entrevistada na FIOCRUZ éramos três. Cada uma veio de uma forma diferente. Naquela época não tinha concurso, era por indicação. Até hoje não sei exatamente quem levou meu currículo até o superintendente. Creio que a entrevista tenha sido a mesma para cada uma, só que o cargo que eu entrei era um cargo dado a alguém recém-formado: o básico do básico do meu salário. A outra já entrou com a posição, apesar de não ter o mestrado, já entrou como 'tecnologista 3', eu entrei como 'tecnologista 1 júnior'. Uma diferença salarial grande. Entramos no mesmo dia e com o mesmo nível educacional. A outra idem. A diferença já se fez aí. E eu permaneci nessa posição durante 11 anos. Normalmente todas as pessoas, com o passar do tempo, mesmo que não fizessem nenhum outro estudo, o que era difícil de acontecer, tinha uma ascensão dentro do instituto. Passavam de 'tecnologista 1 júnior' para intermediário e depois sênior. Nada disso aconteceu. Eu só consegui 11 anos depois entrando com recurso, porque a mudança de plano, de cargo salarial, se fez e durante essa mudança de plano eu nunca consegui o pleito de forma normal como todos os outros conseguiram. Eu só consegui através de recurso contra a Comissão que estava julgando a nova posição no novo plano de cargos e salários.

Ali já se viu a diferença. Sendo que na posição de graduação, mulher e graduada, dentro do instituto que estou até hoje, o INCQS, eu era a única negra. Continuo sendo a ÚNICA negra nessa posição. Doutora então, sou a única mesmo. Hoje eu posso dizer, com certeza, que sou a primeira doutora negra em Vigilância Sanitária no Brasil.

IZABELA, 55 anos, funcionária pública e artista plástica

Eu tinha uma colega de trabalho que tudo que dizia respeito a mim ela achava que eu estava tendo alguma vantagem sobre ela. Eu nunca tive nenhuma vantagem sobre ela.

Então um dia, quando chegou o mobiliário novo, eu ganhei uma mesa maior do que a maioria das pessoas, porque eu tinha uma quantidade de trabalho que se não fosse colocado na mesa, teria que ser colocado no chão. Foi só por isso. Eu não estava sendo promovida.

E a pessoa diz que é sua amiga, que aprecia você, mas a coisa está ali dentro dela. Então quando tem tempo aflora. Então ela começou a falar demais que eu tinha algum tipo de vantagem. Não é vantagem você ter uma mesa maior, porque você tem mais trabalho.

Nesse dia eu preferi não falar nada para não provocar uma discussão no ambiente de trabalho. Então eu passava por ela e seguia em frente. Aí ela chegou para mim e disse:

- Não vai falar comigo, não, "nêga" com mania de princesa?

A resposta que eu dei foi:

- Eu não tenho mania de princesa. Eu sou uma princesa.

Um pesquisador estrangeiro, nos anos 60, disse que os traços da minha mãe remetiam à época da Rainha de Sabá. Então se minha mãe é descendente de rainha, eu com certeza SOU uma princesa. Eu não penso que sou uma princesa. Então é isso. Você tem que ter uma saída elegante, porque justamente o que as pessoas querem quando elas te provocam com injúrias raciais, é que você perca a linha, para elas dizerem que você é o 'negro barraqueiro', 'favelado'. Isso a gente não pode deixar.

Outra vez não deu. Eu era criança. Imagina na hora do recreio todos os dias ser chamada de 'Negra Brechó'?! Era um personagem do Chico Anysio. Que era um personagem politicamente incorreto, vestido de preto, como outros que ele fez. No recreio todo dia dois meninos vinham me chamar: "Oh Negra Brechó!".

Até o dia em que eu não estava para 'Negra Brechó'. Eu disse "isso acaba hoje". Aí eu peguei ele pelo pescoço, encostei ele na parede e fiquei com ele pendurado pelo pescoço. E o outro menino dizendo 'larga meu amigo, larga meu amigo'. Eu disse:

- Não. Eu quero que ele me chame agora de Negra Brechó.

Até a hora que eu cansei. Larguei ele lá. E pronto. Vamos que vamos. Depois daquilo eles até mudavam de caminho se me vissem no recreio. Tudo o que não vão esperar é que a 'neguinha, gordinha, quatro olhos' faça alguma coisa.

MARIANA, 32 anos, Bióloga - Doutora - Docente da Unicamp

Fui convidada a dar uma aula na pós-graduação da Genética na USP. Cheguei na sala, e só havia uma das professoras responsável pela disciplina, que ainda não me conhecia. Comecei a arrumar o meu computador para a aula, e ela se aproximou. E o seguinte diálogo se estabeleceu:

Ela - Você é a professora que irá dar a aula de hoje?

Eu - Sim!

Ela - Nossa, te imaginava totalmente diferente...

Eu - Mais velha? (uma vez que todos sempre falam sobre minha aparência jovem).

Ela - Não... MAIS.... CLARA.

E depois ainda me perguntam porque sou a favor das cotas.

MAYKON, 23 anos, Estudante de Direito. Araranguá, SC.

Meu nome é Maykon e moro em Araranguá, cidade do litoral sul catarinense. Na minha cidade a maioria da população descende de italiano e português. Por incrível que pareça, é normal você escutar piadas racistas em todo canto. Apesar de amar meu estado e minha cidade o racismo aqui é claro e escancarado. Minha cor parda é quase incomum em alguns lugares, como na faculdade, ou até mesmo num passeio no shopping.

Em 2013 fiz uma entrevista de emprego para uma grande empresa da cidade, que infelizmente não posso citar. Feliz por me destacar na entrevista de emprego, na semana seguinte fui contratado, mas mal sabia que iria trabalhar na empresa mais racista da cidade.

No meu primeiro contato com o presidente da empresa depois de uma semana, esperando boas vindas, ouvi foi uma piadinha. Assim que ele me viu na mesa, deu um sorriso e disse, "nossa, escureceu pra lá, vai chover." Eu apenas, sorri, ingenuamente não sabia o que fazer.

Nos meses que se seguia só o que eu ouvia eram piadas racistas, muitas delas eram contadas diretamente para mim com um sorriso maléfico por parte dos funcionários. A gerente que parecia a única com senso, certo dia deixou escapar suas maldades também. Às vezes as piadas eram sussurradas para eu não ouvir, às vezes era para eu ouvir, "piadas" essas que não vale a pena contar. Todos os funcionários, inclusive a gerente e presidente eram racistas.

Depois de cinco meses, conheci outra mulher que fazia parte da diretoria, com um olhar de desdém ela me examinou e depois de dois dias eu fui despedido. Você sabe quando a pessoa te julga pela cor, você sabe quando a pessoa é racista. Sem nenhuma desculpa plausível a gerente apenas me disse que eu estava dispensado. Quanto mais eu perguntava o motivo, mais ela ficava sem jeito e não sabia o que falar. Foi quando minha ingenuidade finalmente foi embora e liguei todos os pontos. Ela me dispensou sem justa causa e me indenizou com o aviso prévio, hoje penso que talvez fosse o dinheiro para me calar. Afinal se ela me colocou para rua, deveria ser por justa causa!

Fiquei triste, não porque fui despedido, fiquei triste pelo motivo ser a cor da minha pele. Fiquei triste por ter vergonha de contar a minha família e aos amigos. Fiquei triste por saber que seria minha palavra contra uma empresa grande e influente na cidade. Fiquei triste porque se eu contasse a alguém, iriam rir. Hoje eu não em calaria, hoje eu não aceitaria, mas viver para aprender.

A vida continua, nunca desanimei, não deixei me abater, mas jamais esquecerei! Senti na pele!

REAGIR

MEDO DE QUE?

Sou negro. Neste momento estou trajando bermuda de praia e camiseta. Estou em Copacabana. Vou correr na areia da praia. Não levarei dinheiro, nem documentos.

Segundo a lógica carioca posso ser preso, levarei um tiro ao correr ou vou apanhar de um justiceiro.

Para você que acha que me faço de vítima: essa é a minha realidade.

Enquanto você tem medo de ir à praia e perder seu Iphone, eu tenho receio de morrer.

Não é justo pra ninguém, correto?

Só que durante TODA a vida fui "confundido" com bandido apenas por ser negro. Meu mundo é assim. A toda hora ter que provar que sou honesto.

Caso eu morra não terão protestos nas redes sociais, nas ruas, na mídia. Serei mais um preto. Lamentarão a família e os amigos.

E você? Tem medo de que?

IZY, 23 anos, escritora.

Rio de Janeiro

Um relato sobre o poder da transição capilar para as mulheres negras.

Esse é um cabelo que está quebrado, sem vida, opaco, fraco e que está caindo pra caramba, por sinal. É um cabelo mal tradado e cheio de químicas. Diversas formas de químicas. Esse cabelo não aguenta mais. Está se despedaçando, se desfazendo e quebrando. Mas ele é forte. Esse cabelo resistiu a temperaturas altíssimas, calor excessivo, progressivas, henê, relaxamento, alisamento, tintura e tristeza. Minha tristeza por te-lo comigo e todas as minhas tentativas de esconde-lo. Mais do que isso, todas as minhas tentativas de deixá-lo "aceitável".

Mas ele não é só isso.

Esse é um cabelo crespo, do tipo 3c, pra ser mais específica, que está passando por uma transição capilar. Esse cabelo não está deixando de ser liso. Ele nunca foi. Ele tem textura, ele é cheio, tem molas, volume e cresce em ziguezague. Ele só é crespo! E pasme! Não existe nenhum problema nisso, sabia? Talvez você saiba...

Mas, eu não sabia...

Eu não sabia porque sempre me disseram que ou o cabelo é liso ou é feio. Não sabia porque desde quando eu só me preocupava com o cabelo da minha boneca, minha família já alisava, relaxava e tentava esconder meus fios (pelo meu bem, claro), afinal "cabelo duro" não é lá a melhor coisa de se escutar. Eu não sabia porque cresci tentando me encaixar nesse padrão ridículo que nos é duramente enfiado goela a baixo. Eu passei 22 anos da minha vida sem saber que não existe solução pra cabelo crespo, porque simplesmente ele nunca foi e nunca será um problema.

Embora hoje em dia seja mais fácil ouvir um "deixa natural, é tão bonito", isso não apaga um "você é tão bonita, pena que o cabelo não é liso" ou coisas do tipo que ouvi durante anos - E se você é do tipo de pessoa que pensa ou faz esse tipo de comentário, saiba que você está diretamente ligada ao fato desse mundo ser um lixo.

Isso soou um pouco cruel da minha parte? Saiba que o racismo é cruel e é ainda mais forte quando invisível, quando está disfarçado nas brincadeiras, nos elogios, nas piadinhas e nas risadas... Esse é um lado que quem só vê todo esse empoderamento crespo como moda, estilo, like no instagram e blusinha da Adidas não conhece. Mas por trás disso há luta, sofrimento e aceitação.

Se hoje nós deixamos de passar química no cabelo pra tentar se igualar a capa da revista, não foi porque ninguém disse que é bonito, foi porque achamos nossa identidade perdida em meio a lama da padronização e embranquecimento populacional. Não adianta quererem reduzir toda essa luta e toda a história envolvida nisso á "Moda". Eu não estou vendo meu cabelo caindo, sem vida, quebrado e com duas texturas sorrindo, porque vocês resolveram aceitar, lucrar e achar bonito e sim, porque enfim aprendi que não dependo da aprovação de ninguém para ser o que eu quiser ser.

E e é exatamente sobre isso. A transição capilar não é a bandeira do crespo ou cacheado. A transição capilar levanta a bandeira do "Seja você mesmo, do jeito que você quiser". Não é só o seu cabelo que está passando por uma transição. Você também está. Enquanto aguardamos ansiosamente pelo crescimento da nossa raíz capilar estamos aprendendo a ama-la e aceita-la. Há um tempo atrás eu não podia sequer, sentir a raiz do meu cabelo crescendo que já achava que estava na hora do famoso retoque. Hoje, após seis meses de transição, ela não está crescendo sozinha, pois com ela crescem também o amor próprio, auto estima, segurança e aceitação. Depois de muito trabalho interno foi fácil decidir passar pela transição. Difícil mesmo é entender como que a gente se deixa levar pelos outros. Nós desistimos de quem somos porque os outros não gostam. Quando eu vejo essas mulheres e meninas crespas eu só consigo pensar no quão maravilhoso é ver o empoderamento negro tomando conta das nossas irmãs cada vez mais cedo. E sigo tentando entender o que acontece com a gente que eles conseguem nos convencer que cabelo crespo é feio e algo do que se envergonhar... Hoje eu só consigo pensar o contrário. Eu não sabia o que era beleza. Eu reproduzia um estereótipo.

Todos os tipos de cabelos são bonitos, lindos e maravilhosos se bem cuidados. Porém, a gente só cuida corretamente quando a gente ama. Então, não adianta querer ter o cabelo mais bonito do mundo se essa tentativa for para agradar o outro e não a si mesma. Ei, você que não quer deixar de alisar o cabelo! Não tem problema, ok? A gente prega a liberdade. Nós, mulheres negras podemos ter o cabelo que quisermos, na cor que quisermos, tamanho que quisermos. Não importa. Estamos falando de liberdade. Mas, se você que está lendo esse texto está pensando em entrar na transição, eu te digo que foi a melhor e mais dolorosa escolha que fiz nada vida. Estou me libertando do cabelo que tanto desejei ter. Consegui ter. Estou conseguindo abrir mão. Se eu consigo, você também consegue.

Não vou dizer que é molezinha, porque não é. Tem dias que é super difícil. Não há penteado que dê jeito. São duas texturas e a vontade de cortar tudo é gritante. Mas, hoje em dia é muito mais fácil. Temos diversas opções para passar pela transição e quando você pensa que assumir seu crespo é muito mais do que estética, isso te dar uma força que você nem imaginava que tinha.

A aceitação nunca acontece pela metade. Ou você quebra um paradigma ou não quebra. Porque voltar ao crespo, mais do que qualquer outra coisa, é um movimento politico, do qual eu faço parte e levanto a bandeira com todo respeito e admiração. Não é só sobre se aceitar. É sobre externizar essa aceitação para que seu crespo sirva como uma fortaleza para outras mulheres se conscientizarem, se amarem e não se prederem ao estereótipo que tentam nos impor.

Então antes que me perguntem que cabelo é esse, já aviso de antemão, que além de tudo mencionado acima esse é o cabelo de uma pessoa que está tocando o "Foda-se" pro que você pensou dele ao ver essa foto.

RENATA MORAIS, 31 anos, empresária

Quando eu tinha 6 anos eu estudava em uma escola particular de freiras na zona oeste do Rio de Janeiro.

Eu fui durante 3 anos a única negra da escola. A escola não possuía nem funcionários negros.

Eu acredito que só fui aceita, porque minha mãe não levou minha foto na matrícula, e como ela tem a pela mais clara e os cabelos naturalmente lisos, minha matrícula foi realizada.

O meu sonho era coroar Maria. Sempre via a escolha das meninas e não entendia o porque eu não era escolhida. No último ano na escola e já com 6 anos decidi pedir para a professora. Lembro muito bem da cena: a professora e a freira conversando sobre a celebração.

Eu puxei a blusa da professora e pedi para ser escolhida. Ela olhou para a freira e perguntou se podia.

A freira riu, passou a mão na minha cabeça e respondeu que "não existia anjo preto".

A professora se calou.

Esse não foi o meu primeiro contato com o racismo na escola, porém foi o mais cruel.

Por anos tive a certeza que ao morrer eu ia para o inferno, já que a freira disse que anjos negros não existiam.

Por anos achei que ser PRETA era um pecado.

Por anos quis ser branca.

Por anos me achei feia.

Por anos me escondi.

Por anos não tirei fotos com vergonha do que as pessoas poderiam falar ao ver a minha imagem ali.

Hoje tenho um projeto para crianças negras/crespas.

Fotografo e posto na minha página para que todos possam ver a nossa beleza.

Tenho uma linha de Acessórios com segmento afro, realizando desfiles onde a criança negra é protagonista.

Hoje tenho mais de 50 anjos no meu grupo.

Só queria poder dizer à freira que eu sou o que eu quiser.

THIAGO MUNIZ

Racismo: Uma regressão cultural ou de caráter?

O mal da nossa sociedade é achar que tudo que se fala e se pratica é normal, e culpa o sentido cultural nisso. Há pessoas que xingam e ofendem um negro e acham isso o mais normal pela questão cultural de ser; na região sul por exemplo é comum os torcedores do Grêmio chamarem os torcedores do Internacional de macacos e generalizaram para os demais torcedores do Brasil.

Nos dias de hoje com toda a evolução social e cultural, ainda há barbaridades como essa, assim como dizer que a garota merecia ser estrupada.

A sociedade em geral está cada vez mais intolerante e subversiva, isso as vezes me assusta porque você não sabe com quem e com o que está se lidando num mundo afora. Isso é extremamente complicado para todos nós.

Não quero ser o pessimista, mas sendo um pouco racional, acho que isso não há solução. É da natureza do ser humano praticar a intolerância, a inveja, o ódio, a ganância, entre outros. A partir do momento em que se distorce os sentimentos, não se merece confiança.

Imagine um amigo seu ou um parente que fosse tratado como um animal. Imagine as pessoas que você ama vivendo sem ter nenhum direito, podendo ser vendidos, trocados, castigados, mutilados ou mesmo mortos sem que ninguém ou nenhuma instituição pudesse intervir em seu favor. Imagine você, seu pai, sua mãe ou seu filho sendo tratados como coisa qualquer, como um porco, um cavalo, ou um cachorro. Imagine sua filha sendo levada ou mesmo ao seu lado, estuprada, todos os dias e depois, grávida à serventia do negócio de seu dono.

Você que já chorou diante das cenas que remetem o sofrimento de Jesus Cristo na sexta feira da paixão; você que fechou os olhos frente às fortes imagens de Django Livre; você que se emocionou com 12 anos de escravidão, imagine.

Imagine – e saiba – que teu país e as riquezas que o conformam existem em função de 4 séculos de escravidão. E de tudo que deste período e deste sistema decorreu a partir de então.

E no dia seguinte tudo seria diferente.

Desde que acompanho o movimento negro, aprendi que dia 14 de maio, o dia seguinte ao fim da escravidão, foi o dia mais longo da história. Aliás, dizem outros, é o dia que não terminou. Depois de séculos de sequestros, escravidão e assassinatos, o que se viu nos anos pós-abolição foi a formação e o desenvolvimento de um país que negou e ainda nega à população negra condições mínimas de integração e participação na riqueza.

Sem-terra, sem empregos, sem educação, sem saúde, sem teto, sem representação. Sequer a mais liberal das reformas, a agrária, fora possível no país das capitanias hereditárias.

O dia seguinte, a década seguinte, os 127 anos seguintes ao fim da escravidão não foram suficientes para nos livrar de uma herança racista, reafirmada cotidianamente pelos descendentes dos colonizadores que sempre dirigiram o Brasil. Estes mantêm a posse do latifúndio, hoje rebatizado agronegócio.

Se você é racista tenho pena de você, quão nojento, mesquinho e sem moral você é, uma cor não define caráter, não define status, não define coração, no fim das contas viemos do pó e para lá voltaremos, o que te faz ser melhor do que nos "negros"? Seu carro? Sua pele? Rosto perfeito fazendo propaganda na TV, vendendo seu "produto branco "como o certo do padrão" de beleza" pobre homem que grita nas ruas sua lei do "seja assim, seja aquilo".

Sou pós-graduado, procuro empregar meus conhecimentos na valoração do ser humano, mostrando que é possível sim um convívio estável e respeitoso "Ninguém é obrigado a amar e gostar, mas respeito, deve ser mútuo e obrigatório".

O problema do racismo é a hipocrisia. Todos têm algum tipo de preconceito que aflora apenas ao toque no teclado pensando ficar impune.

CHARLES OMOREGIE, 22 anos, analista de marketing

O que meu pai e a África me ensinaram sobre ser negro:

Mas antes de qualquer coisa, quero te pedir um favor. Pare um instante e pense: o que você sabe sobre os negros?

Pronto. Pensou?

Escravidão, alegria, África, pobreza, carnaval, força, criminalidade. Pelo menos uma dessas palavras deve ter passado pela sua cabeça, assim como tantas outras, umas positivas outras nem tanto.

De fato, a história do povo negro já cruzou com essas palavras e anda de mãos dadas com algumas delas até hoje. Assim como é impossível não pensar em "holocausto" ao ouvir "judeu", também é impossível não pensar em "escravidão" ao ouvir "negro", pelo menos não por um longo tempo. Mas isso não é novidade, é só constatação.

O grande problema não está em associar negros à escravidão, está em supor que a única herança de um povo é uma tragédia.

E foi o exato oposto que meu pai me ensinou. Ele nasceu em uma pequena cidade do interior chamada Ojoto, no sul da Nigéria. Foi o segundo filho, da segunda esposa do meu avô.

Perto da idade que tenho enquanto escrevo esse texto, 22 anos, ele saiu da Nigéria e foi ganhar o mundo. Morou em Taiwan, na China e finalmente Brasil, aprendeu mais de cinco idiomas, incluindo chinês. Quando eu era pequeno ele me con-